Reihe Motorik
Band 28

Karin Schaffner

Der Bewegungskindergarten

Kinder stark machen – mit Praxisvorschlägen

Reihe Motorik

Herausgegeben von
Prof. Dr. phil. Friedhelm Schilling; Prof. Dr. phil. Ernst J. Kiphard; Dr. phil. Klaus Fischer

Bisher erschienen und noch lieferbar:

Band 2 Eva-Maria Schick
Zur Bewegungserziehung in der Familie

Band 3 Tilo Irmischer / Klaus Fischer (Red.)
Bewegungserziehung und Sport
an Schulen für Lernbehinderte

Band 4 Friedrich Scherer
Sport mit blinden und sehbehinderten
Kindern und Jugendlichen

Band 6 Klaus Fischer
Rechts-Links-Probleme in Sport und
Training

Band 8 Tilo Irmischer / Klaus Fischer (Red.)
Psychomotorik in der Entwicklung
(2. Auflage)

Band 9 Jean-Jacques Guillarmé (Red.)
Psychomotorik in Frankreich

Band 11 Marianne Philippi-Eisenburger
Praxis der Bewegungsarbeit mit Älteren

Band 12 Marianne Philippi-Eisenburger
Motologie

Band 13 Gerd Hölter (Hrsg.)
Mototherapie mit Erwachsenen

Band 14 Torsten Kunz
Weniger Unfälle durch Bewegung

Band 15 Reinhard Keller / Annemarie Fritz
Auf leisen Sohlen durch den Unterricht
(2. Auflage)

Band 16 Josef Gaal
Bewegungskünste – Zirkuskünste
(2. Auflage)

Band 17 Michael Stäbler
Bewegung, Spaß und Spiel
auf dem Trampolin

Band 18 Klaus Fischer
Entwicklungstheoretische Perspektiven
der Motologie des Kindesalters

Band 19 Susanne Amft / Jürgen Seewald
(Hrsg.)
Perspektiven der Motologie

Band 20 Birgit Jackel
Psychomotorische Handlungskompetenz
beim Radfahren

Band 21 Rolf Balgo
Bewegung und Wahrnehmung als System

Band 22 Ruth Haas
Entwicklung und Bewegung –
Angewandte Motologie
des Erwachsenenalters

Band 23 Martina Walther-Roche/
Antje Stock
Erlebnislandschaften in der Turnhalle
(2. Auflage)

Band 24 Klaus Fischer/
Holger Holland-Moritz
Mosaiksteine der Motologie

Band 25 Jörg Bietz
Bewegungsvorstellung und Blindheit

Band 26 Astrid Krus
Mut zur Entwicklung

Band 28 Karin Schaffner
Der Bewegungskindergarten

Reihe Motorik 28

Karin Schaffner

Der Bewegungskindergarten

Kinder stark machen – mit Praxisvorschlägen

hofmann.

Bibliografische Information Der Deutschen Bibliothek
Die Deutsche Bibliothek verzeichnet diese Publikation in der deutschen Nationalbibliografie; detaillierte bibliografische Daten sind im Internet über http://dnb.ddb.de abrufbar.

Bestellnummer 7028

www.hofmann-verlag.de

Fotos: Karin Schaffner

Gesamtherstellung in der Hausdruckerei des Verlags

Printed in Germany · ISBN 3-7780-7028-2

Inhaltsverzeichnis

Gedicht

Spielen

Das Kind erlebt im Spiel die Welt,
ist Forscher und Entdecker,
spielt Mama, Papa, Sonne, Wind,
spielt Doktor, Lehrer, Bäcker,
spielt sich von seinen Ängsten frei,
sucht Antworten auf Fragen,
erschließt sich so die Wirklichkeit,
lernt, nicht gleich zu verzagen.
Das ICH entdeckt im Spiel das DU,
das WIR – und schenkt Vertrauen,
erlebt Enttäuschung, Lebenslust,
lernt auf das DU zu bauen,
empfindet Liebe, Trauer, Wut,
lernt geben, teilen, gönnen.
Das Spiel macht Kinder SELBST-bewusst,
entwickelt sich zum Können.
Spielen ist keine Spielerei –
ist Abenteuer – Leben.

Lasst Kinder spielen, träumen, tun,
dann kann die Seele schweben.

Karin Schaffner

Vorwort

Um im Leben Fuß zu fassen, muss man sich bewegen: Geistig, körperlich und sozial. In unserem Kindergarten ist Bewegung zur umfassenden, Fächer übergreifenden, pädagogischen Leitidee geworden.
Atmosphäre und Umgebung fördern Neugierverhalten, Kreativität, Spontanität und Sozialverhalten, damit unsere Kinder zu selbstbewussten, gesunden und fröhlichen Menschen heranwachsen können, die sich mit ihrem Körper und mit allen Sinnen entfalten und die Welt erleben.
Wir beziehen Sinneserfahrung und Bewegung in alle Lernbereiche ein und entsprechen so dem Ziel einer ganzheitlichen Förderung der Kinder.
Egal ob Religion, Werken, Umwelt- und Sachbegegnung, ob Rhythmik, Musik, Sprach- oder Kunsterziehung - wir vermitteln alles auch über Sinnneswahrnehmung und Bewegung. Wir woll(t)en am Beispiel des „Schweinfurter Modells“ zeigen, wie Bewegung in einen ganz normalen Kindergarten und sein Konzept zu integrieren ist.

Dankeschön

Ich danke meinen Kolleginnen, vor allem den beiden Leiterinnen, die sich von mir überzeugen und begeistern ließen, dem Träger, der uns nicht nur wohlwollend zusieht, sondern selbst Ideen entwickelt und natürlich den Eltern, die uns ihre Kinder anvertrau(t)en und sich begeistert für „ihren“ Kindergarten engagier(t)en.
Ich danke auch meinen damaligen Kolleginnen und Kollegen aus dem Arbeitskreis „Sport im Elementarbereich“ der Bayerischen Sportjugend für ihre Hilfe, ihre stete Rückendeckung und Unterstützung und ich danke Prof. Dr. Renate Zimmer, deren Bücher und Ideen uns immer wieder neu inspirier(t)en.

Ein Vormittag im Kindergarten – aus der Sicht eines Kindes

Jeden Morgen bringt mich meine Mama in den Kindergarten. Schon von weitem freuen wir uns über die lustigen, bunten Gehsteigfiguren und ich spiele dort „Nicht auf die Farben treten" oder „Nur in Figuren hüpfen". Manchmal hüpft Mama auch mit.

Den Kindergarten erkennt man von außen aber auch an den schönen, selbst gemalten Fensterbildern. Im Flur habe ich einen eigenen Garderobenplatz, den ich an einem Bildchen erkenne. Beim gleichen Bild hängt im Bad auch mein Handtuch.

An der Garderobe ziehe ich meine Hausschuhe an, hänge meine Tasche auf und gebe meiner Mama noch einen Abschiedskuss.

Die Erzieherinnen freuen sich immer sehr, wenn ich komme und meine Freunde auch. In unserem Gruppenraum haben wir Platz zum Kuscheln, Bauen, Spielen und Verstecken und auch eine Werkbank.

Wenn wir lieber toben wollen – und das wollen wir oft – dann gehen wir in den Toberaum neben dem Gruppenraum. Dort gibt es Matratzen und Decken, aus denen man tolle Höhlen bauen kann, eine Rutschbahn, eine echte Bergsteiger-Kletterwand und ein Klettertau.

Auf den Tischen spielen wir mit Legos, Steckspielen oder Puzzles, aber wir können auch weben, malen oder basteln. Wir dürfen alles nehmen, was wir brauchen: Scheren, Kleber, Farben oder alte Kataloge. Irgendwann müssen wir unsere Spiele dann beenden und alles aufräumen. Manche von uns machen das nicht gern. Die müssen das eben noch lernen. Gute Freunde halten zusammen und lassen sich auch beim Aufräumen nicht im Stich. Ich weiß das schon.

Dann kommt das Frühstück. Einige von uns helfen mit beim Tischdecken.

Vorher machen wir im Garten einen Zappeltanz und gehen auch noch Hände waschen, wegen der Bazillen. Die sind so klein, dass man sie nicht sehen kann und sind doch sehr gefährlich, meint mein bester Freund.

Im Gruppenraum wird es dann sehr leise, denn vor dem Frühstück singen und beten wir und machen eine kleine Meditation oder unsere Yogaübung bei Kerzenschein.

Aus unserer Brotzeittasche holen wir fast alle Obst heraus, manche auch Karotten. Unsere Erzieherinnen zaubern daraus die schönsten Sachen. Aus Äpfeln schneiden sie Pilze, Kronen, Dampfer und Indianer. Aus meiner Banane lasse ich mir meistens ein Krokodil schneiden und aus meiner Mandarine einen Elefantenkopf. Weil das so toll ist, bringen wir fast nur noch Obst zum Essen mit. Aber ich weiß auch, dass Obst viel gesünder ist als Süßigkeiten.

Zum Sammeln und Sortieren unserer Abfälle haben wir eine Biotonne und einen „Müllmann", der Plastik und Aluminium schluckt.

Nach dem Frühstück sind wir nur noch mit den Gleichaltrigen zusammen.

Ich bin ganz schön stolz, dass ich schon ein „Großer" bin und den „Kleinen" helfen kann, wenn sie nicht zurechtkommen. Sehr gerne mag ich Turnen, Musizieren und Singlisch. Manchmal machen wir Ausflüge, z.B. ins Theater, ins Museum, zum Bauernhof und noch viel mehr. Manchmal fahren wir mit dem Omnibus irgendwo hin. Unter-

wegs machen wir „Wunschkonzert". Die Erzieherin ist die Rundfunkreporterin und fragt nach unseren Wünschen und die gewünschten Lieder werden dann von allen gesungen. Das gefällt dem Fahrer und den anderen Fahrgästen immer sehr gut. Die sagen das auch zu uns und klatschen. Im Nu sind wir am Ziel.
Der schönste Spielplatz ist unser Garten. Da gibt es eine Rutschbahn, Sandkästen, ein Indianerdorf, Fußballtore, Riesentrampolin, Wipphähne, Autoreifen, Kettcars und eine echte Baustelle, wo man ganz schön dreckig werden kann. Deshalb habe ich an meinem Kleiderhaken eine Tüte mit älteren Klamotten zum Matschen. Außerdem haben wir Beete und einen Kräutergarten mit einem Insektenhotel angelegt. Da gibt es immer etwas zu Sehen, zu Naschen und zu Schnuppern.
Das Allerbeste am Kindergarten sind aber meine Freundinnen und Freunde. Mit einigen von ihnen komme ich jetzt auch in die gleiche Schule. Hoffentlich dürfen wir da zusammensitzen. Richtige Freunde machen immer alles zusammen.
Wenn wir abgeholt werden, ist ein unglaubliches Gewimmel. Auch der Lärm ist riesig, weil wir alle viel zu erzählen haben.

Und das Schönste: Morgen geht's weiter!!!

1 Entstehungsgeschichte – So ging's los

1.1 Der AK „Sport im Elementarbereich" der Bayerischen Sportjugend

1985 gründete die Bayerische Sportjugend den Arbeitskreis „Sport im Elementarbereich", dem ich angehörte, um die Bewegungssituation der Vorschulkinder in Bayern zu verbessern. Bald erkannten wir, dass Vorzeige-Kindergärten, die unsere Vorstellungen von einem „bewegten Kindergarten" in die Praxis umsetzen würden, am wirkungsvollsten wären. Der erste Schritt war die Sonderausbildung „Sport im Elementarbereich" für ErzieherInnen und ÜbungsleiterInnen. In diese 60 Stunden umfassende Ausbildung mit Abschlussprüfung waren neben der Theorie auch die Themen „Bewegungsbaustelle", „Spielerische Wassergewöhnung" und „Kooperation mit Sportvereinen" integriert, drei Bereiche , die 1985 für ErzieherInnen noch Neuland waren. Neben dem Kindergarten Christuskirche, in dem ich als Erzieherin tätig war, gewannen wir durch diese S-Ausbildungen noch vier weitere Teams verschiedener Träger aus der Region Main/Rhön. Die räumliche Nähe war wichtig, da ich das Projekt von Schweinfurt aus betreu(t)e.

1.2 Pädagogische Erwartungen an die teilnehmenden Kindergärten

Wir hatten nicht vor, den ErzieherInnen ihre vorhandenen Konzepte auszureden, sondern diese Konzepte mit Sinneswahrnehmungs- und Bewegungsangeboten zu ergänzen und zu „durchdringen".

Wir erwarteten von den Teams die Bereitschaft:

- zu Veränderung und Fortbildung
- zur Umgestaltung der Innen- und Außenräume zugunsten der Bewegung (Gruppenräume, Flure, Nebenräume, Garten, usw.)
- neben den wöchentlichen Turnstunden Bewegungsbaustellen im Turnraum und Garten anzubieten
- offene Bewegungsangebote in der Freispielzeit und
- fächerübergreifende Bewegungsangebote zu machen
- eng mit Träger und Eltern zu kooperieren
- mehr Bewegung in Feste und Projekte einzubeziehen
- mit Verein(en) zu kooperieren
- verstärkte Öffentlichkeitsarbeit zu betreiben und
- die Finanzierung abzuklären.

1.3 Fünf Kindergärten mach(t)en mit:

Der ev. Kindergarten Christuskirche, Schweinfurt
Der Kindergarten Auenstraße der Arbeiterwohlfahrt Schweinfurt
Der kath. Kindergarten Mariä Himmelfahrt, Bad Neustadt
Der kath. Kindergarten St. Nikolaus, Herschfeld
Der Kindergarten am Bühlweg, Werneck

1.4 Der Kindergarten Christuskirche

Ich werde in diesem Buch aus dem Bewegungskindergarten Christuskirche berichten. Wir begannen unsere Arbeit in einem sehr ungeeigneten Haus, das später abgerissen wurde. Es war über 30 Jahre alt, entsprach schon lange nicht mehr den Vorschriften und war stark sanierungsbedürftig.
Das heutige Haus ist zwar räumlich großzügiger, stellt das Team nun aber vor andere Probleme, die es gemeinsam zu meistern gilt.
Die ErzieherInnen hielten sich für „bewegungsfreundlich“ und waren von dem geplanten Modell begeistert. Wie sehr, geht aus verschiedenen Expertenaussagen hervor:

- Prof. Dr. R. Zimmer in „Alles über den Bewegungskindergarten“: „Ein engagiertes Team....schaffte es jedoch, auch unter einfachsten Bedingungen einen Bewegungskindergarten auf kleinstem Raum zu schaffen....Die Umgestaltung des Kindergartens beruht hier vorwiegend auf der Initiative engagierter ErzieherInnen.“
- Dr. Krombholz, Staatsinstitut für Frühpädagigik, München in „KITA“, Nr. 5/97: „Obwohl die äußeren Bedingungen des Kindergartens Christuskirche keineswegs als ideal gelten können, gelang es unter großem Engagement der ErzieherInnen und Eltern durch Umgestaltung der Innen- und Außenräume, den Bewegungsbedürfnissen der Kinder entgegenzukommen“.

Aus dem gesamten Stadtgebiet und darüber hinaus wollten Eltern ihre Kinder zu uns bringen. Wegen der großen Nachfrage existierte bis 2000 eine ausgelagerte 4. Gruppe. Alle vier Gruppen waren überbelegt und wir hatten eine lange Warteliste.
Als das alte Haus abgerissen wurde und wir während der einjährigen Bauzeit sehr beengte Verhältnisse in den Räumen unter der Kirche hatten, konnten sich die Kinder auf Spielplätzen und bei vielen Waldfreizeiten ausreichend bewegen.
Weil einige umliegende Kindergärten inzwischen nicht mehr voll belegt waren, wurde unser neues Haus auf Wunsch der Stadt dreigruppig geplant und gebaut.
Wir haben allerdings auch im neuen Haus wieder alle drei Gruppen überbelegt und eine Warteliste.

2 Warum sind Sinneserfahrungen und Bewegung so wichtig?

2.1 Bewegung ist ein Grundbedürfnis des Menschen

Indem der Mensch seinen Körper und seine Bewegung wahrzunehmen lernt, beginnt er auch seine innere Bewegung zu begreifen und kann lernen, sich bewegen zu lassen. Je weniger Bewegungserfahrung der Mensch macht, desto weniger kann er sich später auf seine Sinne und Instinkte verlassen.
Durch Bewegung erschließt sich das Kind seine Welt und gewinnt vielfältige Einsichten und Erfahrungen über sich und seine Umwelt. Es erkennt seine Stärken und Schwächen, setzt sich mit Materialien, Partner und Gruppe auseinander und gebraucht dabei seinen Körper als Ausdrucksmittel. In keiner anderen Lebensstufe spielt Bewegung eine so große Rolle wie in der Kindheit. Kinder sind neugierige selbsttätige Menschen mit ausgeprägtem Bewegungs- und Entdeckungsdrang. Unbeirrt sind sie am Herumtoben, Spielen, Rennen, Springen, Klettern, am Balancieren, Kullern, Greifen oder Tasten und entwickeln dabei ihre Selbständigkeit und Unabhängigkeit. Bewegungsfähigkeit, seelische und geistige Entwicklung hängen eng zusammen und beeinflussen sich wechselseitig.
Es gibt keine Bewegung ohne geistig-seelische Prozesse.
Die widersinnige Trennung von Körper, Geist und Seele in unserer kopflastigen Zeit muss erkannt und korrigiert werden.

2.2 Ist-Situation der Kinder. Wie sieht ihre Lebenswelt aus?

Unsere Lebensbedingungen schränken die Entfaltung der Kinder immer mehr ein – mit erschreckenden Folgen: 40–60% unserer Kinder kommen mit Haltungsschäden oder -schwächen in die erste Klasse. Auch im psychosozialen und geistigen Bereich zeigen sich Auswirkungen: Verhaltensauffälligkeiten, Störungen in der Wahrnehmungsverarbeitung, Ängste, Aggressivität, Konzentrationsmängel sind Dauerklagen in Kindergärten, Schulen und zunehmend auch in den Medien. PädagogInnen, ErzieherInnen, aber auch Eltern müssen sich fragen, was sie selbst tun können, um diese Situation zu verbessern.
Wir woll(t)en, dass unsere Kinder offen und voller Vertrauen, neugierig und erwartungsvoll die Welt entdecken können, Zusammenhänge begreifen lernen und später mit beiden Beinen im Leben stehen. Dazu brauchen sie Körper, Geist und Seele, dazu brauchen sie vielfältige Sinnes- und Bewegungserfahrungen.

2.3 Aktuelle Untersuchungsergebnisse in Kürze

Sicher wissen viele Eltern, dass sich Bewegung positiv auf die körperliche Entwicklung auswirkt. Trotz dieser Erkenntnis blieb die Bewegungssituation der Kinder erstaunlicherweise in den vergangenen Jahren unverändert. Inzwischen gibt es viele wissenschaftliche Untersuchungen der verschiedensten Fachrichtungen über die positiven Auswirkungen der Sinnes- und Bewegungserfahrungen auf die kindliche Entwicklung und davor darf nun wirklich niemand mehr die Augen verschließen.

Ich will hier einige Beispiele nennen:

- Die Entwicklung der Knochendichte wird durch Bewegung positiv beeinflusst. (Dr. Jürgen Weineck, Aufsatz „ Bewegungsmangel und seine Auswirkungen auf die psychophysische Leistungsfähigkeit“, in „Bewegte Kindheit“ v. R. Zimmer, Hofmann Verlag, Schorndorf).
- Die für das Erwachsenenalter so typischen Rückenbeschwerden entwickeln sich bereits im Kindesalter durch Bewegungsmangel (Dr. Weineck, s. o.).
- Die Gehirnvernetzung entwickelt sich über Sinnes- und Bewegungserfahrungen. Kinder mit mangelnden Erfahrungen auf diesem Gebiet kommen mit einem nicht ausreichend vernetzten Gehirn in die erste Klasse - mit den oben angeführten Folgen (Dr. Weineck, s. o.).
- Eine Studie von Prof. Dr. R. Zimmer ergab, dass psychomotorisch geförderte Kinder unter anderem auch bessere Leistungen im Intelligenztest zeigten.
- Die gesamte Persönlichkeitsentwicklung, die Entstehung eines positiven Selbstbildes und auch die soziale Kompetenz werden durch Sinnes- und Bewegungserfahrungen positiv beeinflusst. (Prof. Dr. R. Zimmer „Identität und Selbstkonzept - Zur Bedeutung von Bewegungserfahrungen für die Persönlichkeitsentwicklung“ in „Kindheit in Bewegung“, Hofmann Verlag, Schorndorf).
- Eine andere empirische Studie von Prof. Dr. R. Zimmer ergab, dass Kinder mit breiter psychomotorischer Förderung im Vergleich zur Kontrollgruppe bessere Leistungen im Grad ihrer Selbständigkeit und in der Gruppenintegration zeigten.
- Auch Sprachtherapeuten fordern schon lange mehr Bewegung für Kinder, denn Sprache und Bewegung hängen eng zusammen und beeinflussen sich wechselseitig.
- Enorme Fortschritte hat die Gehirnforschung in den letzten Jahren gemacht und so kam durch Prof. Kohin Raz, einem israelischen Neurologen, heraus, dass Kinder, die schlecht lesen, durch Balancespiele gefördert werden können. Da erstaunt schon nicht mehr zu hören, dass Kindern, die nicht rückwärts gehen können, auch das rückwärts Zählen schwer fällt.

- Verkehrsexperten empfehlen ebenfalls mehr Sinnes- und Bewegungsaktivität, da diese Erfahrung das Unfallrisiko der Kinder senke! Torsten Kunz wies in einer Studie für die Stadt Frankfurt nach, dass Kinder nicht verunglücken weil sie sich bewegen, sondern weil ihnen die Bewegungsroutine fehlt!
- In dieses Bild passen auch die Erfahrungen einer Grundschule in Bad Homburg: Dort wurde die tägliche Bewegungszeit eingeführt und das Projekt wurde wissenschaftlich begleitet. Die Raufereien auf dem Schulhof und auch die Unfälle gingen zurück, die Kinder folgten aufmerksamer dem Unterricht und etwa 15% mehr Kinder qualifizieren sich seitdem fürs Gymnasium!

ErzieherInnen, PädagogInnen, aber auch Eltern können sich diese faszinierenden Erkenntnisse im Interesse ihrer Kinder zu Nutze machen und z. B. die Lebensräume der Kinder (Kinderzimmer, Gruppenräume, Klassenzimmer, Gärten, Pausehöfe, usw.) sinnen- und bewegungsfreundlicher gestalten und verstärkt gemeinsamen Bewegungsaktivitäten nachgehen.

3 Umsetzung – Bis heute ein lebendiger Prozess

3.1 Fachliteratur lesen – Sich beobachten – Sich weiterbilden

Nachdem das Team gewonnen war, begannen wir Fachliteratur zu lesen, vorzugsweise von Prof. Dr. R. Zimmer, deren Ideen uns immer wieder neu inspirierten. Z. B. beobachteten wir uns selbst und auch gegenseitig auf unsere „Bewegungsbremserfunktion". Wir hatten uns zuvor alle als bewegungsfreundlich eingestuft und waren entsprechend entsetzt, wie häufig wir spontane Bewegungsaktivitäten der Kinder einschränkten. Es ging um Bemerkungen wie „Zappel nicht so rum", „Steig da nicht rauf", „Komm da runter", „Mach doch langsam", „Setz dich hin", Kipple nicht mit dem Stuhl", usw.
Es wurde uns aber auch bewusst, wie sehr das Verletzungsrisiko der Kinder uns ängstigte. Erst Jahre später erkannten wir, aufgrund unserer Erfahrung, dass die Bewegungssicherheit und -erfahrung der Kinder Unfälle eher verhindert!
Mit dem nächsten Schritt verbesserten wir unsere Kompetenz im praktischen Bereich durch den Besuch entsprechender Fortbildungen. Die ErzieherInnen absolvierten die 60 Stunden – Sonderausbildung der Bayerischen Sportjugend „Sport im Elementarbereich".
Danach fühlten wir uns fit für den nächsten Schritt.

3.2 Umgestaltung der Innenräume:

Mit der systematischen Umwandlung des Kindergartens zu Gunsten der Bewegung begann ein immer noch fortwährender spannender Prozess.
Zwei Grundprinzipien haben wir dabei von Anfang an beachtet und das hat uns sehr geholfen:

- „Vom Billigen zum Teuren"
  Bewegungsangebote, die wenig oder gar nichts kosteten, wurden sofort angeschafft und für teure Angebote wurde gespart. Die Ausrede „Bewegungsangebote sind teuer und wir haben kein Geld" war nicht mehr zu verwenden, weil wir die Situation verändern wollten! Wer will, findet auch einen Weg. Wir konnten sofort beginnen z. B. mit Gummitwist oder aufgemalten Hüpfspielen.
- „Vom Leichten zum Schweren"
  Da bei einigen von uns immer noch Ängste und Unsicherheiten vorhanden waren, verwirklichten wir zuerst die mit weniger Angst befrachteten Angebote. So gewöhnten sich nicht nur die Kinder, sondern auch wir nach und nach an das ungewohnte Neue und bauten durch Beobachtung und Erfahrung unsere Ängste weiter ab. Heute trauen wir den Kindern viel mehr zu, freuen uns über ihre Bewegungskompetenz und lächeln über unsere damaligen Ängste.

3.2.1 Die Gruppenräume

Wir begannen mit Matratzen - Tobeecken in der Größe eines Ehebettes mit Kletterwand und -tau. Ein großer Renner war Gummitwist. Ein drei bis vier Meter langes Gummiband wurde an den Enden verknotet und - nicht zu hoch - zwischen zwei Stühle gespannt, wobei das Gummi unter den Vorderbeinen der Stühle durch-

Das Schiff

Die Ritterburg

gezogen wird. Die Kleinsten stützten sich bei ihren Hüpfversuchen noch auf die Stuhlsitze, während die Großen auch auf die Idee gekommen sind, das Gummi mit drei Stühlen im Dreieck und mit vier Stühlen im Viereck zu spannen. Dann sprudelten neue Bewegungsideen. Als wir einen Vater bekamen, der Holzingenieur war, machten wir mit ihm Pläne für „Zweitebenen“. An mehreren Wochenenden bauten die stolzen Eltern fleißig, und wir versorgten sie mit Brotzeiten. Aus finanziellen Gründen dauerte es fast drei Jahre, bis alle Gruppenräume vollendet waren. Die Ebenen waren als „Fränkisches Dorf“, „Ritterburg“ und „Schiff“ konzipiert. Sie hatten verschiedene Ebenen, Treppen, Leitern und Schrägen, die zum Bewegen, Spielen und Verweilen einluden. Darin versteckten sich Puppenecke, Kaufladen, Bau- und Schmuseecke, Bühne, Kasperltheater, Frisierladen, Verkleidungsecke, Fernrohre, unterirdische Höhlen und Hängematte.
Durch die Einbauten gewannen wir am Boden viel Platz für Minitrampolin, Kullerkreisel und Werkbank. Diese Einbauten haben wir vor dem Abriss des alten Hauses verschenkt, weil sie nicht ins neue Haus passten. Heute haben alle drei Gruppenräume identische, leider auch langweiligere, Einbauten. An der Werkbank können neben dem üblichen Basteln, Hämmern und Sägen auch alte Geräte der Eltern zerlegt und ihr „Innenleben“ studiert werden (Radios, Uhren, usw). Die Einzelteile finden dann für eigene, neue Kunstwerke Verwendung.

Das Eisstadion

Das Boot

3.2.2 Zwei Flure

Um mehr Spielraum zu gewinnen, öffneten wir in der Freispielzeit die Gruppenraum-Türen und ließen die Kinder auch im Flur spielen. Aus Unsicherheit ließen wir die Kinder anfangs nie aus den Augen, stellten zu viele Regeln auf (deren Überwachung uns sehr beschäftigte), begrenzten die Anzahl und die Zeit der draußen spielenden Kinder und mussten deshalb häufig auf die Uhr schauen, oder – noch schlimmer – die schönsten Spiele unterbrechen. Heute haben wir wenige, klar begründete Regeln, über die immer wieder mit den Kindern gesprochen und deren Einhaltung sporadisch überprüft wird. Kinderanzahl und Spielzeit im Flur oder den Nebenräumen sind nicht mehr begrenzt und die Kinder werden nicht mehr ständig „überwacht“. Wir vertrauen ihnen und ihrer Fähigkeit, sich in Eigenverantwortung zu entfalten, kreativ zu spie-

len und dabei soziales Miteinander zu praktizieren. (Das ist Inhalt unserer Konzeption). Natürlich sind wir immer da, wenn sie unsere Hilfe brauchen. In den Fluren finden die Kinder wechselnde Angebote vor: Anfangs luden häufig zwei zusammengeschobene Tische mit Tischtennisnetz, zwei Schlägern und einem kleinen Softball zum Tischtennis-Match ein. Die Kinder konnten erstaunlich schnell den kleinen Ball treffen. In Elternabenden gebastelte Steckenpferde reizten zu Indianerspielen, und „Tischhöhlen" animierten zum Verstecken. Die Höhlen waren einfache und billige Stoffüberwürfe mit eingenähten „Türen" und Fenstern". Viel Spaß machen den Kindern auch immer wieder mit Luftballons gefüllte Bettbezüge.
Im Winter bauten wir regelmäßig ein „Eisstadion". Die Fläche wurde mit Klebeband markiert und an der „Kasse" konnten „Schlittschuhe" (zwei Staubtücher) gemietet werden. Zur Musik rutschten die kleinen Eisläufer herum und mit Musikende gaben sie die „Schlittschuhe" zurück und machten den Nächsten Platz. Unsere Buben spielten leidenschaftlich gern „Eishockey". Dazu gab es „Hockeyschläger" (Stäbe) und einen „Puck" (z. B. eine kleine Holzscheibe oder einen Softball).
Weitere kostengünstige Angebote für den Flur waren ein selbst gebastelter „Tanzbaum" (Sonnenschirmständer, langer Stock, Bänder), um den zur Musik getanzt werden konnte. Durch einen von der Decke hängenden Reifen (senkrecht oder waagerecht) wurde mit Softbällen geworfen oder ein umgedrehter Tisch wurde zum Boot. Dazu Rollbretter oder Teppichfliesen als Bei- oder Rettungsboote, eine Schachtel als „Schatzkiste", leere Haushaltsrollen als Fernrohre, dazu noch eine Fahne aus Stab mit Tuch und schon konnten die Seeräuber in See stechen. Heute haben wir in den Fluren auch teuere Angebote: Eine Feuerwehr-Kletterstange zur Verbindung der Etagen, natürlich mit TÜV abgenommenem Fallschutz. Zusätzlich benutzen die Kinder psychomotorische Balancespiele, Rollbretter, Hüpfponys, Bobycars, Dosenstelzen, „Schaumstoff-Großbausteine", usw.

3.2.3 Zwei Nebenräume

Auch zwei Nebenräume im alten Haus wurden so verändert, dass sie in der Freispielzeit genutzt werden konnten. Der eine, ein schmaler, langer Kellerraum mit Teppichboden, war bisher nur als Umkleideraum vor und nach den Turnstunden genutzt worden. An den Wänden entlang standen rundherum niedrige Bänke, unter denen für jedes Kind ein Holzkasten für die abgelegten Kleider bereitstand. Diese Kästen konnten ab sofort als „Riesenbausteine" genutzt werden oder beim Bauen mit den ebenfalls vorhandenen großen und kleinen Matratzen als Stützen dienen. Zusätzlich hatten die Eltern einen großen Korb mit Vorhängen, Stores und Betttüchern gefüllt. Dazu gab es Wäscheleine und Klammern. An den zwei Längswänden wurden in ca. 1,50 m Höhe im Abstand von 1,00 m jeweils genau gegenüber Haken in die Wände geschraubt. Die Kinder konnten die Haken von den Bänken aus gut erreichen, spannten die Leine und unterteilten den Raum durch aufgehängte Tücher in viele „Wohnungen". Später wurde der Raum noch zusätzlich mit einem Zerrspiegel und einer Hängematte ausgestattet, die zum Schaukeln und Träumen einlud.
Für den zweiten Nebenraum brachten die Eltern ebenfalls Matratzen mit, darunter dreigeteilte Federkernmatratzen, die von den Kindern gleich als Trampolin genutzt

Federkern-Matraze als Trampolin.

Klettern und Schaukeln.

wurden (natürlich müssen die Federn in Ordnung sein, sonst besteht Verletzungsgefahr!), Sitzkissen aus den Sechzigerjahren und Spannbetttücher für den bereitgestellten Tisch (zum Höhle bauen). Nun war viel Raum zum Kullern, Rollen, Hüpfen und Verstecken. Dieser Raum wurde später etwas teurer ausgestattet mit einer instabilen Kletterwand aus Seilen, einem Klettertau und einer großen Weichbodenmatte.
Sporadisch entstand aus drei Wirtshausbänken (schräg gestellt) und der darauf gelegten Weichbodenmatte eine „Kullerbahn". Damit sie nicht verrutschen konnte, wurden im Anschluss daran Matratzen bis zur Wand gelegt. Die Kinder rollten vor-, rück- oder seitwärts hinab, machten die „Zwillingsrolle" (zu zweien umschlungen seitwärts), den Purzelbaum abwärts (manchmal auch in der Luft, also einen Salto) oder sie ließen sich von oben als „Steifer Mann/Steife Frau nach vorne abwärts fallen. Die Kullerbahn war und ist sehr beliebt.
Statt dieser zwei Nebenräume hat heute jede Gruppe direkt neben dem Gruppenraum einen eigenen Bewegungsraum, in dem sich sogar eine echte „Bergsteiger-Kletterwand" befindet. Diese Räume können nach der Freispielzeit als Intensivräume genutzt werden.

3.2.4 Der Turnraum

Unser alter Turnraum war, wie so viele Turnräume in Kindergärten, vom Architekten im Konzept vernachlässigt worden. Er war zu klein, zu niedrig, im Keller untergebracht, schlecht zu belüften, von unten zu kalt, hatte einen harten Betonboden mit muffeligem Teppichboden und fast keine Großgeräte. Wir haben lange für einen dicken, federnden Gummiboden gespart, weil wir unbedingt mit den Kindern barfuß turnen wollten.

Der Raum hatte immerhin vier Sprossenwände und einen Kleingerätewagen mit Bällen, Keulen und Stäben. Dazu wurden nach und nach zwei Bänke, ein Tau, ein Kasten und viele Matten angeschafft.
Der Turnraum im neuen Haus ist leider auch nicht viel größer. Dafür haben wir aber einen großen Mehrzweckraum, in dem viele Bewegungsaktivitäten stattfinden können, wenn z. B. im Turnraum über eine längere Zeit die Bewegungsbaustelle steht.

3.2.5 Die Bewegungsbaustelle im Turnraum

In der Freispielzeit ist der Turnraum offen. Die Kinder können mit den vorhandenen Großgeräten, Decken und Matratzen bauen oder Ballspiele machen.
Danach muss der Turnraum aufgeräumt werden, wegen der folgenden Turnstunden. In bewegungsärmeren Zeiten, wie z. B. Advent/Weihnachten oder zum Kindergartenbeginn wird dort als Attraktion für die „Neuen“ eine „Bewegungslandschaft“ aufgebaut und über Wochen stehen gelassen.
Der Turnraum ist in dieser Zeit der beliebteste Raum des Kindergartens und wird von den Kindern täglich besucht.
Sie finden im Turnraum Möglichkeiten zum Klettern, Kullern, Rutschen, Springen, Verstecken und Balancieren und können dort sehr vielseitige Bewegungserfahrungen machen. Turnkleidung ist nicht erforderlich. Die Kinder ziehen sich praktisch an und tragen Rutschsocken oder Turnschuhe. Im Sommer gehen sie barfuß hinein.

Bewegungsbaustelle in der Freispielzeit.

Zu Beginn erklären die „Großen" den „Kleinen" die Regeln. Dann kann es losgehen. Die Begeisterung ist jedesmal sehr groß und die neuen Eltern werden von ihren Kleinen stolz zur Bewegungsbaustelle geführt.

Hier die einzelnen Stationen. Wir nutzten wirklich jeden Zentimeter des kleinen Raumes.

- Zielen/Werfen:
  Mit Seilen einen Reifen zwischen zwei Sprossenwänden befestigen. Direkt darunter steht eine kleine Kiste mit Sandsäckchen. Die Säckchen werden durch den Reifen an die Wand geworfen. Bei Geschick fallen sie direkt wieder in die Kiste (Bälle sind in einem kleinen Raum ungünstig, da sie zurückprellen).
- Rutschen:
  Eine Langbank wird hoch in einer Sprossenwand eingehängt. Unter der höchsten Stelle wird mit Matten abgesichert. Solange die Bank hoch eingehängt ist, steht hier auch eine Erzieherin. Ist kein Erwachsener im Raum und die Kinder spielen alleine, wird die Bank tiefer gehängt. Ein „Biertisch" wird mit eingeklappten Beinen in einer Sprossenwand eingehängt und evtl. mit Seilen befestigt. An dieser kleinen Rutsche können sich die Kinder aber auch an einem Tau, das ein paar Sprossen höher befestigt ist, hochziehen und dabei ganz nebenbei ihre Armkraft verbessern.
- Balancieren:
  Ein 20 cm hoher Schwebebalken lädt zum Balancieren ein und eine waagerechte Bank verbindet in etwa 1,00 m Höhe eine Sprossenwand mit dem Kasten. Ein langes Seil zum Festhalten für ängstliche Kinder ist um das Kastenende der Bank geschlungen und führt ansteigend auf beiden Seiten der Bank zur Sprossenwand.
- Schwingen:
  Unter dem Tau liegt eine Matte – ein gefährlicher „Krokodil-Graben"!
  Die Kinder schwingen von einem Sitzkissen über die Matte hinweg auf das Trampolin.
- Klettern:
  Am Tau und an einer Kletterwand kann geklettert werden – beides mit Matten abgesichert.
- Schaukeln:
  Am Tau und in der „Affenschaukel", einer längs gebogenen, durch mehrere senkrechte Reifen gezogenen Matte kann gebaumelt, geschaukelt und geträumt werden.
- Verstecken:
  In einer Ecke des Raumes steht die „Tischhöhle", ein Tisch mit Überwurf, der eingenähte Fenster und Tür hat. Seitlich führt in dieses Tischhaus eine Krabbelröhre. Ein Matten-Tunnell steht gebogen zwischen Wand und Kasten und eine kurze Holzröhre zum Stellen und Legen dient ebenfalls als Versteck.

- Kullern:
  Auf zwei schrägen Wirtshausbänken liegt, von einer Wand längsseits gestützt, eine Matratze, und im Anschluss daran eine weitere Matratze, die mit der kurzen Seite ebenfalls an einer Wand endet (damit nichts verrutschen kann). Die Wand, auf die zu gekullert wird, mit Matten absichern! Als Aufstieg an der oberen Seite kann ein kleiner Tisch dienen. Meist können die Kinder hier frei spielen. Manchmal gestalten wir aber auch mit den Kindern Geschichten zu bestimmten Themen: „Auf einem fernen Planeten“, „Bei den Piraten“, usw. (umfassendere Tipps zum Bau von Bewegungsbaustellen siehe im Literaturhinweis).

3.2.6 Die Turnstunde

Neben den täglichen Bewegungsmöglichkeiten in Haus und Garten haben alle Gruppen einmal pro Woche eine „Turnstunde“, in der z. B. das Wochenthema aufgegriffen und in Bewegung umgesetzt wird.
Dabei kommen die verschiedensten Geräte und Materialien zum Einsatz. Die Aufgaben werden so gestellt, dass eine Mitgestaltung der Kinder möglich ist und ihnen viel Raum für die verschiedensten, kreativen Lösungen bleibt.

3.2.7 Der Kuschelraum

Im neuen Haus haben wir einen sehr kleinen, ganz mit Matratzen ausgelegten Kuschelraum, der mit Tüllvorhängen, Lichtketten, Lichtsäule, usw. zum Meditieren und Träumen einlädt.

3.3 Umgestaltung der Außenräume

3.3.1 Der Gehweg

Schon auf dem Gehweg vor dem Kindergarten laden gemalte Phantasiefiguren zum Balancieren und Hüpfen ein, die in Zusammenarbeit mit einer renommierten Künstlerin entstanden und ein Markenzeichen des Bewegungskindergartens Christuskirche geworden sind (mehr dazu unter 5.2, S. 87 in diesem Buch). Klar, dass alle Kinder diese schon von weitem sichtbaren Figuren lieben und sogar hüpfende Omas wurden schon gesichtet. Die Stadtführer zeigen das Kunstwerk den Gästen der Stadt und die Bewohner unseres Stadtteiles schätzen es so sehr, dass uns gelegentlich die Farbenkosten ersetzt werden. Denn jedes Jahr im Frühjahr sitzen wir draußen, um die verblassenden Farben zu erneuern.
Für ein solches Projekt im öffentlichen Raum braucht man die Genehmigung des Ordnungsamtes.

Der Gehweg

3.3.2 Unser Garten – ein Paradies für Kinder

Wir haben einen sehr schönen Garten – wegen der Hanglage – auf zwei Ebenen. Viele Bäume, auch sehr alte, prägen ihn. Durch den Bau des neuen Hauses sind leider einige Sinnes- und Bewegungsangebote im Garten zerstört worden. Sie werden nun nach und nach wieder hergestellt.
Als wir mit der Umstrukturierung begannen, hatten wir zwei Sandkästen, zwei Holzhäuser und vier Reckstangen.
Wenn ich mich heute umsehe, entdecke ich neben einigen teuren „Highlights“ sehr viele kostengünstige Spielangebote, die bei den Kindern großen Anklang finden. Auch hier haben wir zuerst überlegt, was wir sofort verwirklichen können, weil es preisgünstig ist oder weil es bei uns keine Verletzungsängste auslöst. Wir malten Hüpfspiele auf den Plattenbereich und die Eltern brachten zum Bauen alte Autoreifen und Limokästen mit. Allerdings sahen drei Limokästen übereinander für einige von uns anfangs schon wieder sehr gefährlich aus.

In einer Gartenecke steht das „Indianerdorf“ mit drei Tipis, einer „Koch- und Feuerstelle“ und einem Totempfahl. Dicke, abgesägte Baumstammteile rollen die Kinder als „Tisch“ und „Stühle“ herbei – eine richtige Schwerarbeit. Hier spielen überwiegend Mädchen.

Indianerdorf und Autoreifen für den „Drehwurm".

Vom Ruderclub haben wir ein altes Boot geschenkt bekommen, das die Eltern jedes Jahr neu streichen und reparieren. Es steht unter der Kastanie und ist fast immer voll belegt. Auch die Allerjüngsten wissen nach kürzester Zeit, wie man es schafft, in das Boot hineinzukommen. In der Kastanie hängt ein Tau mit Autoreifen und etwas dichter beim Boot ein Tau für die „Piraten", um sich ins Boot zu schwingen.

Der Kletterbaum

Die Tastwand

Nach und nach haben wir alle Bäume mit unterschiedlichen Kletter- und Schaukelmöglichkeiten ausgestattet.

Im Ahornbaum hängen zwei Tauschlingen. Mit Brett oder Stamm können sich die Kinder daraus eine Schaukel bauen. Dort hängt auch der „Ball am Tau". Die Herstellung ist unter 5.3.2 beschrieben. In der Linde hängt ein am Tau befestigter Autoreifen, in dem sich die Kinder sehr gern bis zum Drehwurm aus- und eindrehen.

Auf der oberen Ebene steht unser größter Baum, eine Platane. In ihr hängt ebenfalls ein „Ball am Tau", ein Autoreifen am Tau und eine Schaukel, deren Sitz wir aus alten Fahrradschläuchen geflochten haben. So kann sich kein Kind am Schaukelsitz verletzen.

Die Kinder dürfen zwar an den Tauen hochklettern, aber nicht in die Bäume hinein. Dafür haben wir einen Kletterbaum, unsere Blutpflaume, die ideal zum Klettern gewachsen ist. Zwischen ihren Ästen haben wir kreuz und quer alte Fahrradschläuche gespannt, die sehr vielseitig genutzt werden können und wie ein riesiges Spinnennetz aussehen (scharfkantige Metallteile vorher zuwi-

Die Fußfühlstraße

Versuche mit der Tonne.

ckeln). Um Stürze aus großer Höhe zu verhindern, gibt es für die kleinen Kletterer eine Höhenbegrenzung. In dieser Höhe sind alle Äste mit rotem Klebeband markiert. „Rot“ bedeutet: „Stopp, hier muss ich eine Regel beachten“.

Zwischen zwei Tannen hängt eine Hängematte und die zwei Ebenen sind mit einer Rutschbahn verbunden. Im ersten Rutschbahn-Jahr hat unsere Ängstlichkeit dazu geführt, dass die Kinder nur von oben nach unten, nur im Sitz, oder auf dem Bauch mit den Füßen vorausrutschen durften. Das hat zu häufigen Regelüberschreitungen geführt, denn andere Rutschtechniken machen auch Spaß. Von unten nach oben zu klettern kräftigt zudem noch die Muskulatur und wenn man's geschafft hat, wächst das Selbstwertgefühl! Endlich waren dann auch die Ängstlicheren unter uns bereit, diese Verbote „loszulassen“. Heute regeln die Kinder alleine, wie und in welcher Richtung die Rutschbahn benutzt wird und es klappt wunderbar.

Von einem Lagerplatz können sich die Kinder Bretter, Stämme oder große Äste zum Bauen holen. Sie finden Verwendung im Indianerdorf, im Boot, im Kletterbaum oder zum Höhlenbau in den Büschen. Im überdachten Bereich finden sich eine Tastwand mit den verschiedensten Materialien (Filz, Sisal, Fell, Holzstücke, Strukturtapete, Wellpappe, Schmirgelpapier, Knöpfe, Kronkorken, usw.) und eine Fußfühlstraße, bestehend aus mehreren, hintereinander stehenden viereckigen Schüsseln, die mit Naturmaterialien gefüllt sind (Sand, Kies, Steine, Heu, Stroh, kleine Äste, Rindenmulch, Sand). Viele unserer Kinder laufen im Sommer gerne barfuß. Wer Lust hat, kann mit Tonne, Röhre, Bollerwagen oder mit wertlosen Materialien spielen. Auch verschiedene Sinnesspiele stehen immer bereit.

Auf dem Platten-Bereich fahren die Kinder Dreirad, Roller, Tretauto, Pedalo oder üben ihre Geschicklichkeit mit anderen psychomotorischen Fahrzeugen oder Geräten. Unsere Fußballer haben zwei Tore und für die Kletterer gibt es noch eine Bergsteiger- und eine instabile Seil-Kletterwand.

Erst später konnten wir uns für eine „echte“ Baustelle erwärmen, dabei ist sie heute der „Hit“ und Jungen und Mädchen machen gerade dort sehr intensive Erfahrungen. Mit Sand und Wasser ließen wir die Kinder schon immer spielen. Aber Erde und Wasser ist für gestalterische und „matschige“ Zwecke viel interessanter.

Eltern und Kinder waren bei der Entstehung natürlich beteiligt. Sie schafften Backsteine, Ytongsteine und Ziegelsteine, Bretter, Drainagerohre, Schläuche, Gießkannen, Kellen, Schaufeln, Wasserwaage und Helme herbei und gestalteten auch die Absperrung ganz

fachmännisch. Sie fertigten rot/weiße Balken, die auf dreibeinigen Böcken liegen und malten echte Baustellenschilder. Die Kinder bauen mit „Mörtel“ und Kelle richtige Mauern, fluten die Baugrube, bauen Brücken darüber und verlegen unterirdische Drainagerohre, usw.
Es ist wirklich faszinierend, den Kindern bei ihren Experimenten zuzuschauen.
Die Baumaterialien haben – außer auf der Baustelle – nirgends sonst etwas zu suchen, sie dürfen also nicht etwa im Boot landen. Viele dieser Materialien wurden zu unserem Entsetzen von den Bauarbeitern als „Bauschutt“ abtransportiert und werden gerade nach und nach wieder angeschafft.
Nachdem unser Team einen Betriebsausflug zum „Erfahrungsfeld der Sinne“ auf der „Wörder Wiese“ in Nürnberg gemacht hatte, haben wir – finanziert durch Spenden – beim Steinmetz einen Summstein anfertigen lassen (250,– Euro). Der Stein besteht aus Kalksandstein und wurde innen ausgehöhlt. Unser Elternbeirat hat das Fundament betoniert und der Steinmetz hat darauf Sockel und Summstein befestigt. Nun muss nur noch der Kopf hinein gesteckt und nach Herzenslust gesummt und gebrummt werden. Der Stein nimmt den Ton wie ein Resonanzkörper auf und summt/brummt mit. Das macht Kindern, Eltern und uns viel Spaß.

Die Baustelle

Seit kurzem haben wir ein Riesentrampolin, auf dem viele Kinder gleichzeitig hüpfen können.
Neben der Rettungsleiter, die außen vom ersten Stock abwärts führt, wurde eine Riesenröhrenrutsche installiert, die in der Freispielzeit genutzt wird. Jedem der weiß, wie langsam kleinere Kinder Treppen abwärts gehen, wird klar sein, dass – im hoffentlich nie eintretenden Ernstfall – die Riesenröhrenrutsche die schnellstmögliche Rettung der Kinder bedeuten würde.
Etliche Kinder „gärtnern“ sehr gern. Sie können im Gemüse- und Kräuterbeet harken, Unkraut jäten oder gießen. Dort sieht es jedes Jahr ein bisschen anders aus. Es gibt Zwetschken, Johannisbeeren, Erd- und Himbeeren, mal ernten wir Tomaten, mal Kürbisse und Radieschen. Auch im Kräuterbeet kennen sich die Kinder gut aus. Mal machen sich Liebhaber über den Schnittlauch her und mal wird der Sauerampfer so radikal abgefuttert, dass kein Blättchen mehr zu sehen ist. Beliebt ist auch Pfeffer-

minze, weil „die wie Kaugummi schmeckt“, so die Kinder. Gute Laune holen wir uns an einem großen Thymianstrauch, der inzwischen zu erstaunlicher Größe herangewachsen ist. Die Kinder tauchen ihre Hände hinein, streicheln ihn und schnuppern dann an ihren Fingern - hmmm! Vielleicht wächst er deshalb so gut.
Unser Garten ist wirklich ein Paradies.

3.4 Elternarbeit

Der Kindergarten will in Zusammenarbeit mit den Eltern die Kinder in ihrer Gesamtentwicklung fördern. Das setzt Offenheit, Vertrauen und partnerschaftliches Denken voraus.

3.4.1 Transparenz – Grundlage der Zusammenarbeit

Diese Partnerschaft zum Wohle des Kindes beginnt bei uns mit dem ersten Besuch – also schon vor der Anmeldung. Eltern und Kind haben die Möglichkeit des „Hineinschnupperns“. Sie können stundenweise bei uns verweilen und erhalten einen ersten Eindruck von unserer „bewegten“ Kindergartenatmosphäre, den sie zu Hause bei der Lektüre unseres Flyers oder unserer Konzeption „Im Leben Fuß fassen“ noch vertiefen können.

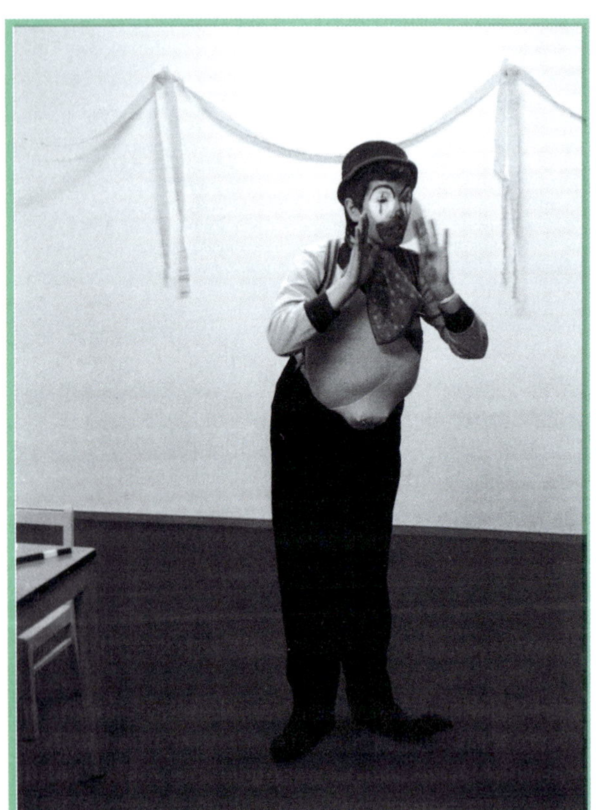

Eltern-Theater für die Kinder: „Zirkus“.

Zudem können sich neue Eltern und Kinder einmal wöchentlich am Nachmittag in unserer Krabbelgruppe kennen lernen. Dieses langsame „Hineinwachsen“ erleichtert den Kindern die spätere Eingewöhnung. Auch in den Gruppen sind gelegentliche Elternbesuche immer willkommen.
Alle Eltern können sich an der Info-Tafel über unsere Jahres-, Monats-, Wochenthemen und Projekte, sowie die pädagogischen Lernziele und -inhalte informieren. Außerdem wird dort auf aktuelle Termine und die Kindersportstunden der Vereine hingewiesen, Artikel oder Kommentare zu interessanten Themen sind nachzulesen und der Krankheitsanzeiger gibt ansteckende Krankheiten bekannt. Auch die Einschreibelisten für Ausflüge oder sonstige Aktivitäten hängen dort

aus. Der von Elternbeirat und Kindergarten gemeinsam herausgegebene Elternbrief wird den Kindern nach Hause mitgegeben.

3.4.2 Gespräche mit den Eltern

Wir haben immer ein offenes Ohr für die alltäglichen Belange der Kinder und Eltern. Am häufigsten finden die so genannten „Tür- und Angelgespräche“ statt. Sie sind spontan, ungezwungen und fördern das Vertrauensverhältnis. Notwendige ausführliche Gespräche finden zu vereinbarten Terminen statt. Auf Wunsch vermitteln wir Kontakte zu Beratungsstellen, Therapeuten, Logopäden, usw.

3.4.3 Buchausstellungen

Von Zeit zu Zeit finden Buchausstellungen statt, um Eltern über aktuelle Kinderliteratur zu informieren. Sehr gern arbeiten wir auch mit der Stadtbücherei oder unserer eigenen Gemeindebücherei zusammen.

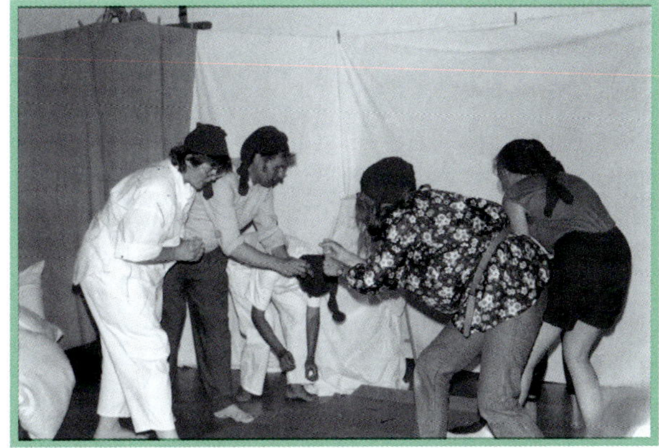

Eltern-Theater für die Kinder: „Die Heinzelmännchen zu Köln“.

3.4.4 Talente der Eltern – ein Segen für den Kindergarten

Viele unserer Projekte und Aktivitäten sind ohne die Mithilfe und das Engagement der Eltern gar nicht denkbar oder durchführbar. Deshalb freuen wir uns über talentierte Eltern, die ihr Können in den Dienst des Kindergartens stellen und für uns backen, basteln, fahren, gärtnern oder handwerkern, usw. Zweimal im Jahr findet ein großer Kleidermarkt statt und unser Sommerfest ist zugleich Gemeindefest, beides mit vielen helfenden Eltern und tollen Einnahmen. Seit über zehn Jahren besteht eine Theatergruppe aus Kindergartenpersonal und Eltern, die jährlich neue Stücke einstudieren und unseren Kindern vorführen. Einige dieser Stücke wurden auch in der Stadtbücherei und im Städtischen Leopoldina-Krankenhaus vor größerem Kinder-Publikum aufgeführt.

3.4.5 Elternbeirat

Der jährlich gewählte Elternbeirat ist Ansprechpartner für die Eltern und das Kindergartenpersonal. Die Sitzungen sind öffentlich. Der Elternbeirat wird vom Träger und der Kindergartenleitung informiert und gehört. Er berät z. B. über die Höhe des Kindergartenbeitrages, die Ausstattung des Kindergartens, die Öffnungszeiten, die Planung und Durchführung von Elternabenden, Festen und Informationsveranstaltungen.

3.4.6 Elternabende zum Thema Bewegungskindergarten

Von Anfang an haben wir die Eltern in unsere Vorüberlegungen und Planungen miteinbezogen. Eltern prägen Denkweisen, Einstellungen und Gefühle ihrer Kinder. Sie prägen also auch die Einstellung zum Körper, zur Bewegung und zum Sport. Da sie sich ihrer Modellfunktion selten bewusst sind und auch wenig über die Folgen des Bewegungsmangels wissen, haben wir auf verschiedenste Weise ihr Interesse geweckt und sie für unser Projekt gewonnen.
Der Kindergarten organisiert in Abstimmung mit dem Elternbeirat Elternabende zu verschiedenen Themen. Wiederkehrende Elternabend-Themen, die direkt mit dem Bewegungskonzept zu tun haben, sind:

- Warum wir ein Bewegungskindergarten sind - Referat/Dias/Diskussion
- Sprachstörungen bei Kindern - Was hat das mit Bewegung zu tun?
- Spiele ohne Verlierer
- Im Leben Fuß fassen - Mit den Füßen turnen, tanzen, malen, spielen, bauen und Theater spielen
- Mit allen Sinnen die Welt erleben
- Bewegter Kennenlern-Abend

3.4.7 Zwei Elternabend-Beispiele

Bewegter Kennenlern-Elternabend

Kennenlernspiele:

Alle bewegen sich zur Musik und suchen sich mit Musikstopp je einen anderen Partner.

- Berichtet euch euren Namen, euren Beruf, euer Alter
- Erzählt euch etwas über eure Kinder
- Erzählt, wohin die letzte Urlaubsreise ging
- Verratet euch euer Lieblingsessen
- Spielt euch pantomimisch eure Lieblingsbeschäftigung vor.

So oft spielen, bis jeder Bereich mit drei PartnerInnen ausgetauscht wurde.
Stellt euch nun mit Musikende in einer Reihe auf - geordnet nach

- ABC-Vorname
- ABC-Nachname
- Geburtsmonat Januar bis Dezember

Mit Blatt und Stift

Setzt euch zu Paaren gegenüber, schaut euch genau an und malt euer Gegenüber, ohne einen einzigen Blick auf euer Blatt zu werfen. (Hier kommt es nicht auf ein schönes Bild an, sondern Spaß und Komik stehen im Vordergrund. Am besten vorher sagen). Setzt Euch mit Zettel und Stift im Kreis. Konzentriert euch auf euch selbst und beschreibt dann kurz, aber nicht zu deutlich eure äußere Erscheinung. Dann die Zettel falten, einsammeln und mischen. Zettel ziehen und mit der Suche nach der beschriebenen Person beginnen. Zuletzt sitzen wieder alle im Kreis, der Reihe nach die beschriebene Person vorlesen und vorstellen.

Erinnern an die eigene Kindheit

Nun sind alle schon bewegt, aufgetaut, wissen eine Menge voneinander und es kann etwas ruhiger werden. Unsere Kinder haben heute nicht mehr so viel Bewegungsmöglichkeiten wie wir als Kinder hatten. Erinnert Euch an eine besondere Bewegungssituation/ein besonderes Bewegungserlebnis aus eurer Kindheit, als Ihr drei bis acht Jahre als wart. Berichtet der Reihe nach.

Rückenwahrnehmung

Plätzchen backen

Es ist Zeit zum Plätzchen backen,	Beidhändig im Wechsel Rücken abklopfen
gute, feine Plätzchen backen	
Kinder kommt helft alle mit,	
heute backt Mama Schmitt.	
Mehl und Zucker, Mandeln, Butter,	Rücken kneten
kneten Kinder mit der Mutter.	
Ob der Teig auch wirklich schmeckt?	Auf „schmeckt" innehalten
Schnell was in den Mund gesteckt!	Leicht zwicken (Teig nehmen) u. Hand zum Mund führen
Und die lieben Helfer sollen	Mit Fäusten über den Rücken „rollen"
nun den Plätzchenteig ausrollen.	
Ob der Teig auch wirklich schmeckt?	Auf „schmeckt" innehalten
Schnell was in den Mund gesteckt!	(s. o.)
Kinder stechen dann sogleich	Mit den Händen Formen bilden und „ausstechen"
Plätzchenformen in den Teig.	
Ob der Teig auch wirklich schmeckt?	(s. o.)
Schnell was in den Mund gesteckt!	(s. o.)
Mama Schmitt tut sehr zufrieden	Rücken streicheln
Plätzchen in den Ofen schieben.	
Düfte ziehn durchs ganze Haus,	Über den ganzen Rücken krabbeln
Plätzchen kommen endlich raus!	Auf „raus" einen Klaps geben.

Arbeitskreise

Die Eltern überlegen in kleinen Gruppen, wie sie ihren Kindern mehr Möglichkeiten für Sinnes- und Bewegungserfahrungen verschaffen könnten: Im Kinderzimmer - Im Garten - Durch Familienaktivitäten - Durch Elternarbeit im Kindergarten.
Als Abschluss passt ein Rückenwahrnehmungsspiel, das den Eltern fotokopiert für die häusliche Praxis mitgegeben wird z. B. „Plätzchen backen“ aus „Auf Deinem Rücken tut sich was“, Pohl-Verlag, Celle.

Elternabend „Im Leben Fuß fassen“

- Aus der Einladung sollte klar hervorgehen, dass die Eltern sich beim Elternabend barfuß bewegen und dass sie tolle Anregungen erhalten, wie ein Kindergeburtstag daheim einmal ganz anders zu gestalten ist. Für solche Anregungen sind Eltern immer dankbar.
- Wenn eine Teilnehmerliste zum Eintragen ausliegt, kann das Kindergarten-Team sich besser vorbereiten. Die Einladungskarte könnte eine Fußsohlen-Form haben und so auch optischen Bezug zum Thema haben.

  Auftakt:
- Barfuß zur Musik bewegen und mit Musikstopp begrüßen sich die vielen verschiedenen Füße. Immer wieder neue Fußbegrüßungen ausdenken.
- Anregung für den Kindergeburtstag daheim: Gemeinsames Fußbad der Kinder um eine Wanne im Bad oder Garten sitzend. Dann Füße abrubbeln und eincremen - evtl. auch gegenseitig.
- Beide Fußsohlen auf Karton stellen, ummalen und ausschneiden. Füße auf die Sohlen stellen und damit im Raum herumrutschen (geht nicht im Garten). Platz im Raum am Boden suchen und gemeinsames Anschauen der Füße: Es gibt sehr verschiedene Füße. Nicht alle sehen gleich aus. Sie sind groß oder klein, breit oder schmal, dick oder dünn, krumm oder gerade.
- Woraus besteht der Fuß? (Aufzählen lassen: Sohle, Mittelfuß, Zehen, Zehennägeln, Fersen, usw.) Wie sieht die Fußsohle aus? (Wölbungen, Linien, usw. Bei Eltern evtl. Hinweis auf Fußreflexzonen - Massage)

  Nur für Eltern: Sprichwörter suchen, die sich mit den Füßen befassen.
  Beispiele:

  Mit beiden Beinen im Leben stehen - Im Leben Fuß fassen - So weit die Füße tragen - Auf großem Fuß leben - Mit dem falschen Fuß aufstehen - Den Boden unter den Füßen verlieren - Über die eigenen Füße stolpern - Zwei linke Füße haben - Sich selbst im Weg stehen - Fersengeld geben - Sich jemandem an die Fersen heften - Die Füße unter den Arm nehmen - Plattfußindianer, usw.
- Welche Sportarten werden hauptsächlich mit den Füßen betrieben? (Fußball, alle Sprung- und Laufdisziplinen, Fahrrad fahren, Skaten, Schlittschuh laufen, usw.)

- Wenn Füße reden könnten, was würden sie erzählen? (Von zu engen, zu harten, zu heißen, zu großen, zu kleinen Schuhen, von angenehmen, weichen oder gemütlichen Schuhen. Vom Gefühl, über Wiesen, Sand, Matsch, Wasser oder Stoppelfelder zu gehen!)

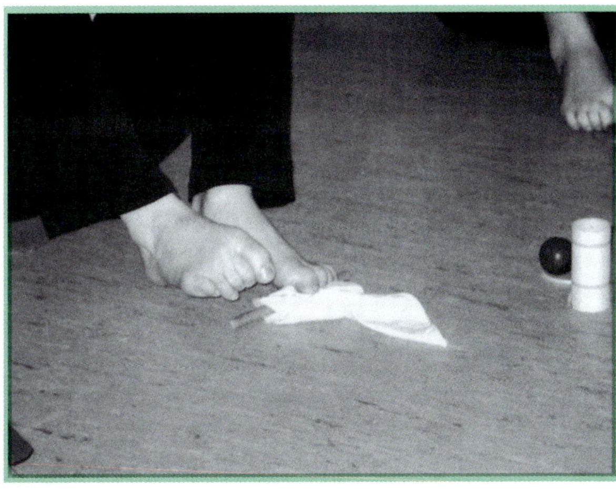

Die Füße experimentieren mit Kleinmaterialien.

- Mit den Füßen fühlen/erleben:
  Sich mit geschlossenen Augen über eine aufgebaute Fußfühlstraße führen lassen (Partneraufgabe)
  Im Haus würde ich „saubere" Materialien bevorzugen (Wollschal, Sisalteppichstück, Handtuch, Wellpappe, Styropor- und Schmirgelpapierplatte, Fell, usw.), im Garten eher Naturmaterialien in viereckigen Schüsseln anbieten (Sand, Kies, Steine, Stroh, Heu, Ästchen, Laub, Tannenzapfen, Wasser, usw.)
- Wir probieren verschiedene Gangarten aus: Gehen, Schleichen, Stampfen, Marschieren, Humpeln, Stöckeln, Laufen, Springen, Schlurfen, Tänzeln, usw. Wie geht ein trauriger, eiliger, alter, trödelnder oder fröhlicher Mensch?
- Wir probieren die Beweglichkeit unserer Füße aus – für manche Eltern eine unangenehme Überraschung: Im Sitz die Füße anziehen und strecken – nach außen und innen drehen – Zehen spreizen – abwechselnd Fersen und Zehen auf den Boden tippen – mit den Fersen wippen – nur mit dem großen Zeh wippen (hier scheitern viele) – in die Füße klatschen – Füße lockern.

Mit den Füßen bauen.

Kunstwerke bauen.

- Im Stand benutzen alle ihre ausgeschnittenen Sohlen als Hindernisse und denken sich Hüpfübungen daran aus.

  Beispiele:
  Auf beiden oder einem Bein die Sohlen umhüpfen/überhüpfen – zwischen den Sohlen stehen und Grätsch- und Schlusssprünge über die Sohlen ausführen, die Sohlen hintereinander legen und Zickzack springen.

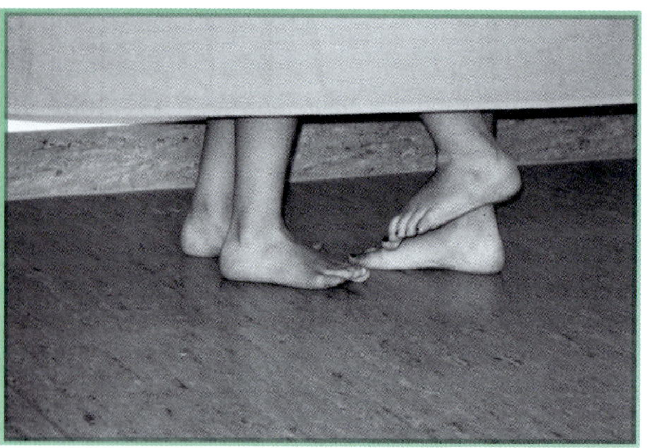

Fußtheater

Malen mit den Füßen.

- Spielen mit dem Gleichgewicht.
  Die Verbindung zum Boden spüren: Die Füße stehen hüftbreit gegrätscht, der Körper bleibt gerade. Leicht seitwärts hin und her wiegen. Nachfühlen, wie sich die Gewichtsverlagerung auf die Sohlen auswirkt. Die Sohlen bleiben fest mit dem Boden verbunden/verwurzelt. Auch mit geschlossenen Augen ausführen.

  Regenspiel:

  (Im Sitz mit den Füßen spielen)
  Es tröpfelt, es regnet, es gießt, es blitzt, es donnert, dann scheint die liebe Sonne wieder und alle Kinder freuen sich. (Erst leise tippen, dann immer lauter mit den Füßen auf den Boden trommeln, Füße hoch in die Luft stoßen (Blitze), dann mit den Fersen auf den Boden trommeln. Mit den Füßen – oben beginnend nach rechts und links abwärts – einen Sonnenkreis in die Luft malen. Zuletzt in die Füße klatschen.)

  Die Füße experimentieren mit Kleinmaterialien

  Die bereitgelegten Kleinmaterialien werden nach und nach verteilt (leere Filmdosen, Klorollen, Kronkorken, Korken, Rollen, Kugeln, Säckchen, Tücher, usw.) und die Füße der TeilnehmerInnen probieren allein oder zu Paaren aus, was damit zu machen ist.
- Zuletzt werden „Kunstwerke“ aus den zur Verfügung stehenden Materialien gebaut und anschließend gemeinsam bewundert.

- *Spiele zu Paaren:*

  1. Fußklebespiel: Zu Paaren zur Musik gehen, mit Musikstopp „kleben" die Fußsohlen der Paare in immer neuen Stellungen zusammen.

  2. Füßetreten: Die Partner versuchen, sich gegenseitig auf die Füße zu treten, selbst aber nicht getreten zu werden. Zuletzt vertragen sich die Füße wieder und streicheln sich.

- *Gruppenspiel: Füßekitzeln*

  Auf eng begrenztem Raum krabbeln alle herum, packen oder kitzeln andere Füße und versuchen, selbst nicht erwischt zu werden.

- *Pantomime:*

  Ein Betttuch so aufhängen, dass vom Boden aufwärts etwa 25 cm frei bleiben. Aufgabe: Zwei Fußpaare spielen hinter dem Vorhang eine einfache Geschichte, die von den Zuschauern danach erraten wird (streiten und wieder vertragen, Begegnung mit „Unterhaltung" und Verabschiedung, Besuch einer Tanzschule, Fußballspiel, usw.)

- *Malen mit den Füßen:*

  Mit Filzstiften (da müssen die Zehen weniger Druck ausüben!) auf nicht zu kleinen Blättern ein Bild vom letzten Urlaub malen. Zuletzt evtl. noch den Vornamen dazuschreiben – natürlich mit den Füßen!

- Abschluss – Spiellied:
  „Zeigt her eure Füße" (Bekanntes Volksgut)

  Der Text wird etwas verändert:

  Vers:
  Zeigt her eure Füße, was ist schon dabei, und was die Füße können, das ist so allerlei.

  Refrain:
  Sie zappeln, sie zappeln, sie zappeln den ganzen Tag (Wiederholen).
  Im Sitz die Füße abwechselnd vorstellen und im Refrain die genannte Tätigkeit darstellen. Das Lied wird solange gesungen, bis alle Teilnehmer der Reihe nach eine Tätigkeit vorgeschlagen haben (stampfen, treten, streicheln, malen, schlafen, hüpfen, usw.).

3.5 Träger

Es war uns immer sehr wichtig, den Träger hinter uns zu wissen. Die wechselnden Pfarrer waren immer jung und wenn sie Familie hatten, waren ihre Kinder bei uns im Kindergarten.

So konnten sie unsere Kinder beobachten und unseren Umgang mit den Kindern erleben. Als wir den ersten Elternabend zum Thema „Bewegung“ hielten, turnte auch der gutgelaunte Pfarrer mit, spielte Fußtheater, baute Kunstwerke und malte mit seinen „Barfüßen“ Diese enge Kooperation hat den heutigen Pfarrer zu „Zappelphillipp-Gottesdiensten“ inspiriert, die eine große Resonanz bei den Kindern, aber auch bei den bayerischen Medien finden. In diesen Gottesdiensten spielt „Bewegung“ als Medium eine große Rolle. Religiöse Themen werden z. B. auch über Rollenspiel, Tanz und Bewegung vermittelt.

Aber auch sonst hält er die Gemeinde richtig in Bewegung:

Junge Familien werden zu gemeinsamen Freizeiten in den nahen Stadtwald eingeladen und einmal im Jahr findet eine ge-

meinsame „Radltour“ für alle Gemeinde-Mitglieder statt – eine große und eine kleine Rundstrecke mit Stationen unterwegs, die von den Konfirmanden betreut werden. Klar, dass unsere bewegungsbewussten Eltern mit ihren Kleinen auch dabei sind.
Großen Rückhalt hatten wir auch immer beim Kirchenvorstand, der uns bisher wirklich bei allen anfallenden Problemen unterstützt hat.

3.6 Finanzierung

Viele unserer Bewegungsangebote kosteten nichts oder wenig und konnten deshalb sofort verwirklicht werden. Für andere Dinge (Einbauten für die Gruppenräume, Riesentrampolin, usw.) haben wir lange gespart und nach Finanzierungsmöglichkeiten gesucht. Wir waren also weitgehend auf unseren Einfallsreichtum angewiesen: Jährliche Flohmärkte und Tombolen – für die wir von vielen Schweinfurter Geschäftsleuten die „Gewinne“ gespendet bekamen, brachten jedesmal Geld, und uns unseren Zielen näher. Ebenfalls jährlich findet ein großer, von den Eltern organisierter Kleidermarkt statt, der längst den Kindergartenrahmen sprengt. Unser Team bietet während dieser Zeit in Nebenräumen Kinderbetreuung an, die Eltern sorgen für ein billiges, heißes Essen und für eine Kuchenbar. Diese Veranstaltung findet in den Gemeinderäumen der Kirche statt.
Im Gemeindeblatt stehen nicht nur allgemeine Spendenaufrufe für unseren Kindergarten, auch Sponsoren wurden auf diesem Wege gesucht und gefunden. Sie haben uns über einen gewissen Zeitraum jährlich eine bestimmte Summe gespendet.
Unser Kindergarten hat erfolgreich an einigen Wettbewerben teilgenommen. Bei einem „Quelle“-Wettbewerb und beim Umweltwettbewerb unserer Stadt gewannen wir sogar erste Preise. Die Preise setzten wir in der Regel in Geld um und kauften dafür Bewegungsspiele.
Auch Spar- und Gesundheitskassen und natürlich die Bayerische Sportjugend haben uns unterstützt.

3.7 Öffentlichkeitsarbeit

Auch die Öffentlichkeitsarbeit wurde und wird bei uns groß geschrieben. Wir haben die Medien von Anfang an immer umfassend über unsere Aktivitäten informiert.
Auf diesem Wege haben viele Schweinfurter Familien – auch aus den anderen Stadtteilen – erfahren, warum Bewegung so wichtig ist und wollten ihre Kinder unbedingt zu uns bringen oder Änderungen in ihren Kindergärten erreichen. Das war anfangs nicht immer leicht für uns und sicher auch nicht für die netten Kolleginnen der anderen Kindergärten.
Die Presseresonanz war gewaltig. Nicht nur regionale Zeitungen, Funk und Fernsehen waren zur Stelle, auch überregionale Medien berichteten von unserer Arbeit.
Fachzeitschriften wie „Eltern“, „Die Kinderzeit“, „Weltbild“, „KITA“, „Spielen und Lernen“, „Der Bayernturner“, „Praxis der Psychomotorik“, „Motorik“, „Wehrfritz Wissenschaft-

Unser Flyer

licher Dienst“, „AOK-Gesundheitskasse“, und die „Süddeutsche Zeitung“ widmeten unserer Arbeit zum Teil mehrere Seiten. Rundfunkanstalten aus der ganzen Bundesrepublik waren präsent und 2003 war ich zu Gast in einer einstündigen Live-Sendung des „Deutschlandsenders Berlin“, in die sich viele Hörer „einschalteten“.
Auch Prof. R. Zimmer konnten wir mit entsprechender Presseresonanz nach Schweinfurt locken. Bei Fortbildungen für ErzieherInnen und Übungsleiter, oder bei Tagungen und Kongressen besteht sehr großes Interesse an unserem Modellkindergarten. Viele Studenten schreiben ihre Diplom- oder Facharbeiten über unsere Arbeit und die Besucher unseres Kindergartens (Fachakademien, Erzieherinnen - Arbeitskreise, usw.) können wir wirklich nicht mehr zählen. Es ist wunderbar, dass das Thema „Sinneswahrnehmung und Bewegung im Elementarbereich“ inzwischen so viele Menschen bewegt. Das hätten wir uns 1985 nicht träumen lassen.

Wichtig für die Öffentlichkeitsarbeit waren auch unsere Konzeption und unser Flyer „Im Leben Fuß fassen“, die beide schon im Titelbild viel über unsere Arbeit verraten. Auf dem Bild schwingt ein Mädchen in unserer Platane am Tau, einige „Barfüßler“ sind unterwegs und im Hintergrund arbeiten drei kleine „Bauarbeiter“ mit Helmen auf unserer Baustelle.

Im Video „Bewegungsförderung - Chance und Sicherheit für das Kind“, das die Bayerische Sportjugend zusammen mit dem Staatsinstitut für Frühpädagogik, dem Kultus- und Sozialministerium und dem Gemeindeunfallversicherungs-Verband herausgebracht hat, sind Ausschnitte aus unserer Arbeit zu sehen.

Den Begriff „Bewegungskindergarten“ hatten wir gewählt, weil wir ein „Schlagwort“ suchten, mit dem wir auf die Bewegungssituation der Kinder aufmerksam machen konnten.

Wir wollten auch nicht mit den „Sportkindergärten“ verwechselt werden. Unser Anliegen war zu zeigen, dass die tägliche Bewegung in einen ganz normalen Kindergarten und sein Konzept zu integrieren ist. Trotzdem wurden wir immer wieder in eine Reihe gestellt mit den Kindergärten, die einen besonderen Schwerpunkt haben (Wald-, Montessori-, Waldorf-, Spielzeugfreier- und Situationsorientierter Kindergarten, usw.). In dieser Reihe sehen wir uns NICHT.

Die Kinder werden nicht krank ohne Montessori- oder Waldorfpädagogik, ohne religiöse Erziehung, ohne Orffmusik oder andere spezielle Förderung, auch wenn dies alles wirklich gut und wünschenswert ist. Sie werden aber krank ohne ausreichende Sinnes- und Bewegungserfahrungen. Krank an Körper, Geist und Seele.

Deshalb gehört die tägliche Bewegung - ganz unabhängig von sonstigen Schwerpunkten - in jeden Kindergarten und auch in jede Grundschule.

Wir sind eigentlich ein ganz normaler evangelischer Kindergarten mit religiösem Schwerpunkt.

4 Unser Bild vom Kind

Das Kind will erfahren, wie das Auge sieht, das Ohr hört, die Nase riecht, die Haut fühlt, die Finger tasten, der Fuß versteht, die Hand begreift, das Gehirn denkt, die Lunge atmet, das Blut pulst, der Körper schwingt.

Hugo Kückelhaus

4.1 Das Kind ist ein Forscher, Entdecker und Gestalter seiner Welt

Wie die Entwicklungspsychologie heute weiß, tragen Kinder kreative Kräfte in sich, ihre Entwicklung selbst zu gestalten. Entwicklung heißt: „Sich selbst entwickeln. Dazu brauchen sie emotionale Sicherheit und Bestätigung durch liebende, ihnen verbundene Personen.

Diesem Verständnis nach ist Bildung weit mehr als bloße Wissensvermittlung. Bildung beginnt mit der Geburt und dauert ein Leben lang. Sie ist ein ganzheitlicher Prozess in der kindlichen Entwicklung und schließt alle sinnlich- emotionalen Erfahrungen mit ein.

Kindergarten und Schule treten also in einen schon laufenden Bildungsprozess ein und sind nicht dessen Beginn.

Nichts ist im Verstande, was nicht vorher in den Sinnen gewesen wäre.

Hugo Kückelhaus

4.2 Kinder brauchen die Gemeinschaft

Sie haben nicht nur ein großes Bedürfnis nach Bewegung und Eigenständigkeit, sondern auch nach Zuneigung, Anerkennung und Gemeinschaft.

Um zu gedeihen, brauchen sie zuverlässige, emotionale Bindungen zu Erwachsenen. Sie brauchen aber auch Kinder, um voneinander lernen und aneinander wachsen zu können.

4.3 Kinder brauchen das Spiel

Kindsein, Spiel und Phantasie sind untrennbar miteinander verbunden, denn das Spiel ist für das Kind die Brücke zur Wirklichkeit.

Bruno Bettelheim

Im Freispiel stehen die selbst initiierten Lernprozesse im Vordergrund.

Spiel ist keine Spielerei.

Unser Bild vom Kind.

Spiel ist für das Kind ein mit tiefem Ernst erfülltes Tun.

Im selbst gewählten, improvisierten Spiel lernt das Kind seine Umwelt kennen und verstehen. Es setzt sich mit ihr in Beziehung, verarbeitet positive und negative Erlebnisse, spielt sich von Ängsten frei, sucht Antworten auf Fragen und erprobt soziale, geistige, motorische und emotionale Fähigkeiten.

So bekommt der Begriff „Freispiel" seine eigentliche Bedeutung.

Wir ErzieherInnen stellen den Kindern hierzu eine Phantasie anregende Umgebung bereit, in der viele Sinnes- und Bewegungserfahrungen möglich sind, wollen beobach-

ten, wo jedes Kind in seiner Entwicklung steht, wollen die Eigeninitiative und Eigentätigkeit der Kinder unterstützen und sie in ihrer Entwicklung begleiten.
Wegen der besonderen Bedeutung für die Persönlichkeitsentwicklung des Kindes gehört das Freispiel zu den wichtigsten Angeboten im Kindergarten und dauert bei uns von 7.30 Uhr bis 9.30 Uhr und von 13.30 bis 15.30 Uhr. In dieser Zeit können die Kinder frei wählen, wo sie mit wem wie lange spielen wollen. Das ganze Haus mit allen Räumen und der Garten stehen zur Auswahl.
Die im Freispiel entwickelte Spielfähigkeit hilft dem Kind, den künftigen Anforderungen - auch in der Schule - gewachsen zu sein.

Das Kind als Forscher und Entdecker.

Das Kind deutet und interpretiert die Welt auf seine Weise und „baut“ sich so sein Weltbild.
Die Aufgabe der Umgebung ist es nicht, ein Kind zu formen, sondern ihm zu erlauben, sich zu offenbaren.

Maria Montessori

4.4 Kinder fühlen und handeln ganzheitlich

Wir sehen die Entwicklung des Kindes als einen ganzheitlichen Prozess. Erleben, Sinnes- und Bewegungserfahrungen, geistige Aktivität und zielgerichtetes Handeln, Kreativität und der Einsatz vielfältiger Ausdrucksformen gehen Hand in Hand.
Neben Sinnes- und Bewegungserfahrungen ist es für die Gesamtentwicklung jedes Kindes wichtig, eine Atmosphäre zu schaffen, in der Vertrauen und Lebensfreude herrschen, in der Kinder miteinander und nicht gegeneinander spielen können, eine Atmosphäre, in der Kinder sich zu fröhlichen, starken, ausgeglichenen, SELBSTbewussten Menschen entwickeln können.

4.5 KINDER SIND BEWEGUNG

Bewegung beeinflusst die Entwicklung der Persönlichkeit.
Bewegung beeinflusst die geistige Entwicklung.
Bewegung beeinflusst die Sprachentwicklung, das Lesenlernen und das Rechnen.
Bewegung beeinflusst das soziale Lernen.
Bewegung beeinflusst die Entwicklung leistungsfähiger Organe.
Dieses Bild vom Kind bestimmt unser pädagogisches Handeln.
Wir lieben und achten jedes Kind so wie es ist.

5 Praxisbeispiele

Da wir seit 1985 ein Bewegungskindergarten sind, haben wir natürlich inzwischen eine unglaubliche Fülle von pädagogischen Erfahrungen gemacht und selbst sehr viel dazugelernt.
Wie sich die Innen- und Außenräume seitdem verändert haben und den Kindern von früh bis spät vielseitige Sinnes- und Bewegungserfahrungen ermöglichen, ist wie gezeigt, die eine Seite unserer Arbeit. Die andere Seite ist nicht minder spannend, denn wir benutzen die Bewegung als Medium der Wissensvermittlung.
Kinder lernen am besten lustvoll mit allen Sinnen und über Bewegung, wie die Hirnforschung gerade wieder bestätigt hat.
Deshalb integrieren wir alle Themen und Erlebnisse in die Bewegungserziehung und umgekehrt. Egal ob es sich um die Jahreszeiten und andere wiederkehrende Ereignisse im Jahreslauf handelt oder um Inhalte aus den Naturwissenschaften, der ästhetischen Elementarbildung, der religiösen- oder der Verkehrserziehung, wir vermitteln alles auch über Bewegung.
Unsere Turnstunden heißen z. B. „Frühling auf dem Land", „In der Osterhasenschule", „Auf der Wiese ist was los", „Spiele mit Kastanien", „Weihnachten steht vor der Tür" oder „Im Reich der Schneekönigin". Egal, ob ein Zirkus in der Stadt ist oder ein Ausflug gemacht wird, alles findet seinen Niederschlag in den Turnstunden und bei „Sinnesspielen".
Auch unsere Feste haben sich seitdem sehr verändert und wir sind jede Woche draußen in der Natur. Eine wesentliche Bereicherung sind auch die Kooperationen mit Schweinfurter Sportvereinen.
Wenn wir uns einem Thema längere Zeit widmen, die Sache von den verschiedensten Seiten aus angehen, die Kinder neue Fragen dazu haben oder Ideen verfolgen wollen, usw. dann finden sie solche Beispiele hier in einigen Praxisbeispielen und im Kapitel „Projektarbeit".

5.1 Fächerübergreifende Bewegungserziehung

Sehr wichtig war uns von Anfang an die Einbeziehung von Sinnes- und Bewegungserfahrungen in alle anderen Lernbereiche, was ohnehin dem Ziel einer ganzheitlichen Förderung entspricht. Ob kognitive, emotionale, soziale ästhetische oder religiöse Lernbereiche, ob Umwelt- und Sachbegegnung oder Spracherziehung, wir vermitteln alles auch über Sinnes- und Bewegungsspiele. Wenn dabei Lebensfreude, Geborgenheit, Neugierde, Vertrauen und Kreativität herrschen, entsteht auch viel Nähe und Wärme. Diese lustbetonte Art des „Lernens über Bewegung" macht Kindern viel Freude und prägt sich ihnen deshalb viel nachhaltiger ins Gedächtnis ein. Das kind-

liche Gehirn braucht „emotionale Aktivierung" , so der Neurologe Prof. Dr. Hüther, „sonst geht gar nichts hinein".
Pädagogen, die keine emotionale Beziehung zum Kind haben, die nicht in der Lage sind, es zu begeistern und zu motivieren, sind eine Katastrophe für das Kind und seine Hirnentwicklung - so Prof. Dr. Hüther.
Wir staunen immer wieder über den Forscherdrang und die Entdeckungslust unserer Kinder, über die Ausdauer mit der sie ausprobieren und Fragen stellen.
Darin müssen sie unbedingt bestärkt werden!
Kinder philosophieren auch schon gern und es ist wirklich traurig, dass viele Erwachsene sich solchen Fragen nicht gewachsen fühlen oder sich dafür keine Zeit nehmen. Schon kleine Kinder machen sich z. B. Gedanken über Werden und Vergehen und darüber, was nach dem Tod kommt. Immer, wenn wir beim Spaziergang in die Stadt durch den Friedhof gehen oder wenn wir im Wald z. B. auf einen toten Vogel treffen, stellen die Kinder kluge, erstaunliche, nachdenkliche Fragen.
Im Folgenden zeige ich beispielhaft, wie wir Themen in Bewegung umgesetzt haben.

5.1.1 Ästhetische Elementarbildung

Malen an Staffeleien

Was hat das Malen mit der Bewegung zu tun? werden Sie fragen.
Nun, wenn Kinder im Stehen - großflächig - malen, arbeiten sie nicht nur aus dem Handgelenk, sondern auch aus dem Schultergelenk. Der Brustkorb ist freier als beim

Malen an Staffeleien.

vornüber gebeugten Malen am Tisch. Das Stehen und Bewegen vor der Staffelei ist aber nicht nur gesünder als die Sitzposition, es entstehen – wenn sich die Kinder daran gewöhnt haben – viel kreativere, vitalere, große Kunstwerke. Bei uns steht in jedem Gruppenraum eine selbst gebaute Staffelei, an der zwei Kinder gleichzeitig malen können. Die Blätter werden oben mit je drei Hosenträger-Clips befestigt, die wir dort angenagelt haben.

Bilder in Bewegung – ein Beispiel

Viel Spaß macht es den Kindern auch, Bilder lebendig werden zu lassen.
So wird's gemacht:
Zuerst wählen sie ein aktuelles, thematisch passendes Kunstwerk aus. Wenn Sie keine eigenen Bände, Kalender oder Postkarten haben, fragen Sie die Kinder oder deren Eltern, gehen Sie ins Museum, die Galerie oder die Stadtbücherei. Stilleben, auf denen nichts passiert, eignen sich nicht. Ungeeignet sind auch abstrakte Bilder. Darstellungen von bewegten Menschen oder auch Tieren eignen sich am besten.
Nehmen wir an, es sei „Frühling" oder Sie hätten gerade das Thema „Auf der Wiese tut sich was" oder „Wir tanzen durch das Jahr" oder „Kleider machen Leute", dann würde sich in allen Fällen das Bild „Kinderreigen" von Hans Thoma eignen, auf dem acht Kinder auf einer Wiese im Kreis tanzen. Bei der folgenden Bildbetrachtung könnte

Bilder in Bewegung: „Kinderreigen" v. Hans Thoma.

es um diese Fragen gehen: Wie sind die Kinder gekleidet, wie frisiert und was tragen sie an den Füßen? Warum könnten einige Kinder barfuß sein? Was machen sie für Gesichter? Welche Landschaft erkennt ihr außer der Wiese noch (Fluss, schneebedeckte Berge, Büsche, Bäume, usw.)? Ist es ein warmer oder eher kühler Tag? Welche Farben hat der Maler hauptsächlich verwendet für den Himmel, die Berge, die Blumen, die Kinderkleider, usw.? Was passiert auf dem Bild und wie könnte es weitergehen? (Der Kreis dreht sich, die Kinder könnten die Handfassung lösen und sich am Ort im Kreis drehen, sie könnten Blumen pflücken, usw.)
Nun wird das Bild nachgestellt:
Acht Kinder bilden einen Kreis mit Handfassung. Die übrigen Kinder dürfen sich als Blumen verteilt auf den Boden - die „Wiese“ - setzen. Alle stehen erstarrt in der Bewegung , bis das vereinbarte Signal ertönt. Dann werden sie lebendig: Der Kreis dreht sich, die Blumen wiegen sich im Wind, bis das Signal wieder ertönt und alle in der Bewegung erstarren. Statt eines kurzen Signals, z. B. mit der Cimbel, könnte auch eine Spieluhr eingeschaltet werden, zu deren Melodie getanzt und sich bewegt wird bis sie verstummt. Zuletzt könnten die Kinder die Aufgabe bekommen, ein eigenes Bild vom „Tanz auf der Wiese“ zu malen. Ob auf diesen Bildern zusätzlich Sonne, Vögel und Schmetterlinge zu sehen sind?

Galeriebesuche

Die meisten Menschen stehen in Galerien ratlos vor modernen Kunstwerken. Nicht, weil sie zu dumm wären, sondern weil der Umgang damit in den meisten Kindergärten und Schulen nicht vermittelt wird. Dabei ist es gar nicht so schwer. Wenn der Umgang mit Kunst Bestandteil des Lebens werden soll, dann muss dieser Bereich in die Kindergarten- und Grundschulpädagogik aufgenommen werden. Unsere angestrebten Lernziele sind in erster Linie, das Kind zu befähigen, Kunstwerke zu betrachten, über ihre Entstehung nachzudenken, über Entdecktes zu sprechen, aber auch selbst kreativ zu gestalten. Das setzt voraus, dass der Kindergarten über entsprechendes Werkzeug verfügt und dies auch immer verfügbar ist (Malutensilien für verschiedene Techniken, Materialien zum Bauen, Modellieren und Gestalten, Werkbank mit entsprechendem Werkzeug und Materialien, usw.). Das setzt aber auch eine kreativitätsfördernde Atmosphäre voraus, in der nicht alles vorgegeben ist, sondern in der sich Neues entwickeln, in der das Kind sich vertrauensvoll und neugierig ans Entdecken und Experimentieren wagen kann.
Unser Kindergartenteam hatte zu Beginn wenig Ahnung von zeitgenössischer Kunst. Seit wir uns damit beschäftigen, haben wir selbst viel gelernt und so viel Interesse, dass wir Betriebsausflüge immer wieder zum gemeinsamen Besuch von Kunstausstellungen nutzen. Einige von uns sind zu Sammlern geworden. Wir haben mit den Kindern gemeinsam gelernt und so haben wir es gemacht:

Allgemeine Voraussetzungen

Zuerst haben wir allgemeine Voraussetzungen geschaffen.
Wir haben

- Bilderbücher betrachtet, die sich mit Farben befassen. Zwei Beispiele waren „Frederik“ und „Das kleine Gelb und das kleine Blau“ von Lionni. Heute gibt es eine größere Auswahl passender Bücher als zu Beginn unseres Engagements 1985.
- Kreisspiele und Spiellieder zum Thema „Farben und Formen“ entwickelt, (siehe „Die Welt ist schön“, Band 1, Kapitel „Farben und Formen“, Pohl-Verlag, von Schaffner).
- die eigene Umwelt durch Farbenbrillen und Prismagläser verändert.
- Oberflächenstrukturen auf selbst gebastelten Tastbildern mit den Fingerspitzen und auf der Fußfühlstraße mit den Füßen erforscht.
- mit Primärfarben gemischt und gemalt, die verschiedensten Techniken ausprobiert, mit Lieblings-, Trauer- oder Wutfarben eigene Hefte gestaltet, mit Punkten, Strichen und Formen experimentiert, Collagen und große Gemeinschaftsbilder gefertigt, mit Knete und Ton geformt und an der Werkbank gearbeitet.
  Viele Anregungen erhielten wir durch das Buch „Ästhetische Elementarbildung – ein Beitrag zur Kreativitätserziehung“ von R. Seitz.

Heinz Altschäffel

Der erste Künstler, mit dem wir uns befassten, war der bekannte Schweinfurter Maler Heinz Altschäffel. Er ist freischaffend. Bevor wir mit den Kindern in die Ausstellung gingen, schauten wir uns die Bilder an und sprachen auch mit dem Maler. Wir beschlossen, beim Besuch der Kinder nicht alle Bilder zu betrachten, sondern eine Auswahl zu treffen, um die Kinder nicht zu überfordern. Heinz Altschäffel war bereit, den Kindern Fragen zu beantworten.
Was erfuhren wir über ihn? Er malt auf Leinwand und Papier. Er verwendet Acryl-, Öl-, Kohle-, Erde- und Pastellfarben. Er collagiert und er mischt verschiedene Techniken. Ihn reizen Formen, Strukturen, innere Zustände und die Atmosphäre, die er um seine Figuren herum aufbaut. Er malt Serien, umkreist

Galeriebesuche: Heinz Altschäffel beantwortet Fragen.

dabei sein Thema und verändert es. Ein Beispiel in dieser Ausstellung sind seine Kopfformen, denen wir uns speziell widmen wollten. „Im Kopf spielt sich das meiste ab“, so Altschäffel.
Wieder im Kindergarten, befassten sich alle mit dem Kopf: Wir stellten fest, dass der Kopf ein kleines „Wunderwerk“ ist. Im Kopf sind unsere Sinne, mit denen wir die Umwelt wahrnehmen, aber auch unser Gehirn, mit dem wir denken und merken. Zur Verdeutlichung bieten sich gemeinsame Wahrnehmungsspiele an:

- Wir haben mit den Augen geblinzelt, geschielt, gerollt, geschaut, wir haben sie aufgerissen, zu schmalen Schlitzen zusammengekniffen und geschlossen.
- Wir haben mit der Nase geatmet, geschnuppert, haben sie gerümpft, gebläht und hochgetragen.
- Wir haben mit den Ohren verschiedenen Geräuschen nachgehört.
- Wir haben mit dem Mund geatmet, gesprochen, gesungen, gepfiffen, geküsst, gesummt, geprustet, geblasen, usw.
- Wir haben traurige und lustige Gesichter gemacht.
- Wir haben probiert, wie schwer der Kopf ist – in der Rückenlage den Kopf gehoben und hochgehalten – und wie wir ihn bewegen können.
- Wir haben Zustimmung und Ablehnung mit ihm ausgedrückt.
- Wir haben überlegt, welche Krankheiten wir kennen, die mit dem Kopf zu tun haben: Kopfschmerzen, Schnupfen, Halsweh, Ohren- und Zahnschmerzen, usw.
- Wir haben mit Luftballons Kopfball gespielt und Gegenstände auf dem Kopf balanciert (Säckchen, gefaltete Tücher, Bierdeckel).
- Wir haben eine große Kopfform im Profil aufgemalt und ausgeschnitten. Jedes Kind hat in seine Kopfform seinen größten Wunsch oder einen Traum malen dürfen, also im Kopf unsichtbar Vorhandenes sichtbar gemacht.
- Wir haben uns in medizinischen Büchern Köpfe von innen angeschaut.
- Viel Spaß hat den Kindern das Lied „Mein Kopf“ gemacht (siehe „Die Welt ist schön“, Band 2, Kapitel „Mein Körper“).

Anschließend haben wir die Ausstellung besucht. Neugierige Beobachter waren der Galerieleiter Dr. Schneider und die städtische Fotografin.
Die Kinder durften die plastischen Bilder mit ihrer rauen Oberflächenstruktur abtasten. Sie waren sehr interessiert und hatten viele Fragen. Sie wollten vom Maler wissen, welche Farben er verwendet, womit er bestimmte Strukturen gestaltet hat, und schauten genau, an welcher Stelle der Bilder er welche Farben platziert hat. Sie wollten wissen, wie lange er an einem Bild malt und ob er auch einmal Bilder wegwirft. Ein Junge schaute lange ein Bild an, deutete dann auf einen Bildteil und fragte: „Ist das ein Weg?“ „Wenn du das siehst“, antwortete ihm Heinz Altschäffel.

In der Galerie legten wir für jedes Kind ein Blatt Papier und Wachsmalkreiden zum Malen auf den Boden. Zur Auswahl standen eine „Kopflandschaft“ oder ein „Landschaftsstück“ zu zeichnen. Alle waren mit Feuereifer dabei und es entstanden wunderschöne, abstrakte Bilder. Diese Bilder wurden im Kindergarten bei einer „Vernissage“ vorgestellt. Die Eltern wurden eingeladen und auch der Künstler war anwesend, um den kleinen Malern seine Referenz zu erweisen. Einige von ihnen hatten danach einen neuen Berufswunsch. Sie wollten Maler oder Malerin werden.
Ermutigt von diesem Ergebnis machten wir weiter und besuchten eine weitere Ausstellung von Heinz Altschäffel. Sein Thema war diesmal „Figur und Raum“ . Wir verfuhren wie beim ersten Mal, schauten uns die Bilder erst allein an, trafen eine Vorauswahl und sprachen mit dem Maler.

Im Kindergarten bereiteten wir die Kinder auf das Thema vor:

- Wir bewegten uns zur Musik, erstarrten mit Musikende in der Bewegung und schauten uns unsere Figur und unseren Platz im Raum an.
- Wir machten uns - am Boden liegend - so klein wie möglich, dehnten uns aus, wuchsen in die Höhe und nahmen dann so viel Raum wie möglich ein.
- Wir spielten „Angst“ und drängten uns in einer Ecke des Raumes zusammen.
- Wir gingen mit großen Bewegungen im Raum herum und „eroberten“ ihn.
- Wir tanzten und hüpften vor Freude im Raum herum.
- Wir gestalteten mit unseren Körpern Gemeinschaftsbilder auf dem Boden: Sonne, Baum, Ball, Haus, Straße, aber auch abstrakte Begriffe wie Trauer, Eckiges, Rundes.
- Wir haben mit unseren Körpern gemeinsam ein Kaleidoskop gestaltet, das sich auf ein akustisches Signal verändert hat.
- Wir haben mit Seilen Figuren werfen gespielt, aber auch konkrete Themen aus Seilen gestaltet.
- Wir haben beim Malen besonders auf die „Raumgestaltung“ geachtet.
- Wir haben ein gemeinsames Bilderbuch gestaltet, das wir „Der rote Fleck“ nannten.
- Wir haben das Lied „Ich bin Maler“ gelernt und über den Inhalt gesprochen (siehe „Die Welt ist schön“ Band 1, Kapitel „Alte Zeiten/Handwerk“).

Wir tanzen zum Lied „Ich bin Maler“ um das Gemeinschaftswerk der Kinder auf der Staffelei.

In der Ausstellung waren die Kinder auch diesmal wieder ein fachkundiges Publikum und nach der Diskussion mit dem Maler stellten wir unsere mitgebrachte Staffelei in die Mitte der Ausstellung und gestalteten ein großes Gemeinschaftsbild. Wir verwendeten Pastellfarben, und ein Kind nach dem anderen durfte am Entstehen des Bildes mitwirken. Unser Thema war natürlich „Figur und Raum".

Annette Pfau van den Driesch

Auch Annette Pfau van den Driesch ist freischaffende Künstlerin. Sie lebt heute in Wiesbaden und ihre Ausstellung in Schweinfurt hatte den für uns reizvollen Titel „Hexen". Wir gingen wie gehabt vor, besuchten die Ausstellung zuerst allein und sprachen mit der Künstlerin. Wir suchten uns vier Werke aus: Auf dem einen Bild sprang eine farbenfrohe, temperamentvolle, große Frau fast aus dem Bild heraus. Das zweite Bild - eine Zeichnung in dunklen, warmen Tönen - zeigte viele große Federformen. Das dritte Werk war ein kleines Zauberkästchen, das geheimnisvolle Sachen barg und das vierte war ein magischer Kreis aus Hexenbesen, ausgefüllt mit weißen Daunen und mittendrin ein schwarzes Ei.

Die Vorbereitungen liefen folgendermaßen ab:

- Wir erzählten den Kindern Hexen- und Zaubergeschichten (z. B. „Die kleine Hexe" v. O. Preußler in Fortsetzungen).
- Wir malten fortlaufend Bilder zur „Kleinen Hexe" bis ein Bilderbuch zur Geschichte entstanden war.
- Wir führten einen Hexentanz auf und ritten auf Besen.
- Wir lernten ein „Hexer"-Lied und Zaubersprüche.
- Jedes Kind erhielt ein „Zauberschatzkästchen zum Sammeln von Schätzen (Murmeln, Steine, Muscheln, Schneckenhäuser, getrocknete Blätter, Nägel, Perlen, Knöpfe, usw.).
- Wir erzählten den Kindern von alten Kräuterfrauen mit Heilkräften, die früher als Hexen verfolgt wurden.
- Aus alten Katalogen schnitten wir alles in der eigenen Lieblingsfarbe aus und gestalteten damit ein Lieblingsfarben-Bilderbuch.

Die Kinder betrachten das Zauberkästchen.

Wir tragen uns ins Gästebuch ein.

Annette Pfau van den Driesch mit den Kindern am Hexenkreis.

- Wir überlegten gemeinsam, welche Farbe für wen traurig, unheimlich und kalt, oder freundlich, fröhlich und warm wirkt. „Schwarz" muss z. B. nicht unbedingt traurig/duster, sondern kann auch festlich wirken.

Dann gingen wir in die Ausstellung. Neugierig erwarteten uns Annette Pfau van den Driesch, die Museumspädagogin und eine Vertreterin der Schweinfurter Fachakademie für Sozialpädagogik. Nachdem die Kinder sich orientiert hatten, schauten wir gemeinsam das Bild mit der roten, gelbhaarigen Frau an, die förmlich aus dem Bild heraus springt. Wir warfen folgende Fragen auf: Wer ist auf dem Bild? Wo schaut die Frau hin? Ist sie alt oder jung? Wie ist ihr Gesichtsausdruck? Was hat sie an? Welche Farben hat die Malerin ihr gegeben? Was ist im Hintergrund zu sehen? Wir haben alle Mutmaßungen und Antworten gelten lassen. Gerade weil so vieles offen blieb, schauten die Kinder im Laufe des Ausstellungsbesuches immer wieder nachdenklich und fragend zu ihr hin. Die Kinder meinten, es sei eine nackte, jüngere Frau, die direkt auf uns zu liefe. Dann begannen die Spekulationen: Warum rennt sie so - ist sie schon erschöpft - hat sie Angst - wenn ja, wovor? Ist sie eine Hexe oder reißt sie vor einem Hexenwesen aus? Warum ist sie nackt? Was könnten die dunklen „Arme" im Hintergrund sein? Fragen über Fragen!
Das Bild mit dem „Federnwald" war schneller angeschaut. Die Kinder sahen Flügel, Palmen oder einen Zauberwald. Sie überlegten, dass Hexen eigentlich keine Flügel brauchen, dass die Kleine Hexe von Preußler einen Besen zum Durch-die-Lüfte-Fliegen hat, dass der Wald vielleicht verzaubert ist, und wer durch ihn hindurchläuft, ein Vogel wird.
Das Zauberkästchen hat die Kinder besonders fasziniert, weil sie selbst ja auch Sammler waren. Sie nahmen alles genau in Augenschein. Sie entdeckten Krallen, Giftfläschchen mit Totenkopf, Vogeleier und tote Käfer. Die Künstlerin erzählte ihnen, dass es Fundstücke aus Brasilien seien, wo sie lange gelebt habe, und wofür oder wogegen die Einheimischen diese Zaubergegenstände verwenden.
Nun konnten wir endlich ein paar Zaubersprüche loswerden und unseren Hexentanz aufführen. Danach saßen alle ganz still um den magischen Hexenbesenkreis. Kein

Daunenfederchen wirbelte hoch. Wir überlegten, was wohl in dem schwarzen Ei sei, was ausschlüpfen könnte und wozu die weichen Daunenfedern gebraucht würden. Die Mutmaßungen gingen von einem kleinen Raben Abraxas bis zum Hexenbaby. Wir sangen dem unbekannten Rätselwesen noch ein Schlaflied zum Abschied und dann trugen wir uns ins Gästebuch ein.
Der Besuch der Hexenausstellung hatte dann noch eine tolle Fortsetzung. Im Frühjahr darauf besuchte uns die Künstlerin im Kindergarten. Die Kinder malten unter ihrer Anleitung mit Pastellfarben Fabeltiere auf große Blätter. Diese Fabeltiere hat sie vergrößert auf den Gehweg übertragen. Die Genehmigung vom Ordnungsamt hatten wir vorher eingeholt. Tagelang wurde mit haltbaren Dispersionsfarben gemalt. Drei Ziele haben wir damit erreicht: Alle Leute - vor allem Autofahrer - sehen schon von weitem, dass hier ein Kindergarten ist. Als Modellkindergarten für Bewegung laden wir alle Kinder ein, auf diesen Figuren zu balancieren und zu hüpfen. Außerdem ist es eine Dokumentation, dass sich Kunst bei uns entfalten kann. Wir waren glücklich, als das Werk vollendet war. Jedes Frühjahr sitzen wir abwechselnd auf dem Gehweg, um die Farben aufzufrischen, die leider durch das winterliche Sandstreuen und Schneeschieben blasser werden.

Norbert Kleinlein

Als Norbert Kleinlein, freischaffender Künstler und Bayerischer Kulturpreisträger seine neuesten Arbeiten zeigte, empfanden wir es als interessante Aufgabe, den Kindern einen Bildhauer und seine Werke näher zu bringen. Also besuchten wir ihn in seinem Atelier, um uns besser in sein Ausstellungsthema „Körper/Behausungen" einfühlen zu können. Vieles von dem was er sagte, erinnerte uns an den Maler Altschäffel. Die Plastiken Kleinleins sind „Raumkörper" und „Behausungen". Sein Thema ist zwar die menschliche Figur, aber nicht im Sinne des reinen Abbildens. Er betätigt sich als Schöpfer von Neuem, variiert und verwandelt. Seine Plastiken werden z. B. aus Papier montiert und dann bearbeitet. Dazu verwendet er dick aufgetragene Farbe, um reliefartige Strukturen zu erhalten, oder er verarbeitet Sand, Erde oder Asche, schabt, ritzt, kratzt, collagiert, usw. Weitere Materialien sind Holz, Terracotta oder Fundstücke, die er einarbeitet. Im Kindergarten arbeiteten wir uns auf drei Ebenen in die Thematik ein: Als erstes kamen wieder Körperwahrnehmungsspiele.
Dann wurde die Frage „Was ist eine Behausung" gestellt und an dritter Stelle stand das Arbeiten mit Knete, Ton und wertlosen Materialien.

Körperwahrnehmungsspiele:

- Wir bewegten uns zur Musik und begrüßten uns nach Musikende mit zuvor vereinbarten Körperteilen, indem wir sie aneinander rieben oder stupsten.
- Wir probierten aus, wo und wie wir beweglich sind, spielten „Schlenkerpuppe", machten eckige und runde Bewegungen und entdeckten dabei unsere Gelenke.

- Wir versuchten, uns ohne bestimmte Gelenke zu bewegen und erkannten deren Wichtigkeit.
- Wir bewegten uns wie alte, eilige, vornehme oder fröhliche Leute und erkannten, dass unsere Wirbelsäule dabei jeweils ganz unterschiedliche Haltungen einnahm.
- Wir rollten uns zu kleinen „Kugeln" zusammen oder machten uns gerade und steif wie ein Stock.
- Zuletzt formten die Kinder sich gegenseitig zu einem Denkmal.

Was ist eine Behausung?

Wir wollten den Kindern den Begriff „Behausung" im Sinne des Künstlers umfassender vermitteln.

- Wir begannen zwar mit Häusern, Wohnungen und Zimmern, fragten aber schon hier nach Nischen und Höhlen. Das konnte genauso ein Platz im Schrank wie unter der Bettdecke sein.
- Wir sahen uns Bilder von Behausungen anderer Menschen an (Iglu, Wigwam, Tipi, Wolkenkratzer, Schloss) und fragten nach Tierbehausungen (Nest, Bau, Höhle, Wabe, usw.).
- In der Freispielzeit standen den Kindern viele große und kleine Matratzen und Decken zur Verfügung und es herrschte eine rege Bautätigkeit.

Arbeiten mit Knete, Ton und anderen Materialien

Wir haben in jedem Gruppenraum eine Werkbank mit einer Vielzahl von Werkzeug und Materialien, die in der Freispielzeit ohnehin intensiv von den Kindern genutzt werden. Auch Ton ist den Kindern als Material vertraut. Wir planten, in der Ausstellung Ton zum Gestalten anzubieten und stellten deshalb im Kindergarten nur Knete zur Verfügung.
Als wir in die Ausstellung kamen, erwartete uns diesmal der Bildhauer Norbert Kleinlein und ein örtliches Fernsehteam. Nach einem Orientierungsgang befassten wir uns mit einem der „Raumkörper". Die Form war etwa zwei Meter lang und gebogen. Sie war schwarz, aus festem Papier gearbeitet und die Oberfläche war strukturiert. Die Kinder betrachteten das Objekt und ertasteten anschließend mit geschlossenen Augen die Form. Sie befühlten die Oberfläche und kamen am Ende zu dem Schluss, dass es sich um eine Wirbelsäule handeln müsse. Ein weiteres Objekt bestand aus Terracotta, lag flach und rosafarben collagiert auf einer Platte und war sparsam bemalt. Die Kinder erkannten - von uns unbeeinflusst - einen weiblichen Oberkörper, obwohl keine weiblichen Rundungen vorhanden waren, sondern nur mit zwei Bogenstrichen angedeutet wurden. Der Künstler war überrascht, da nur wenige Betrachter bis jetzt sein Werk „lesen" konnten. Wir selbst waren auch überrascht und berührt von der Sensibilität unserer Kinder.

Dann schauten wir uns die „Behausungen“ an.

Es waren „Hohlräume“ mit ungewöhnlichen Begrenzungen, die zum Teil an den Wänden befestigt waren. Zuletzt versammelten sich alle um den vorbereiteten Werktisch. Jedes Kind erhielt einen Schuhschachteldeckel, der mit frischem Ton bestrichen war. Als Arbeitsmaterial lagen viele kleine Hölzer, Kartonstücke in allen geometrischen Formen, viele Schnüre und Farben bereit. Die Kinder hatten die Aufgabe, in ihren Tonboden eine besondere Behausung zu setzen. Sie steckten, schnürten und formten eifrig und es entstanden ausgefallene Werke.
Der Bildhauer war begeistert vom Eifer und der Kreativität der Kinder. Die kleinen Werke durften dann als „Ausstellung in der Ausstellung“ in der Galerie bleiben und viele Eltern besuchten sie mit ihren Kindern. Sicher hat so manches Elternpaar dabei zum ersten Mal zeitgenössische Kunst betrachtet.

Esther Deubner

Eine besondere Ausstellung war für uns „Schichtungen, Zeichnungen und textile Objekte“. Esther Deubner ist freischaffend und lebt bei Karlsruhe. In der Ausstellung zeigte sie ungewöhnliche „Web-Bilder“, die teilweise riesige Wände einnahmen. Die Werke stellten stark abstrahierte, landschaftliche Reiseeindrücke dar. Sie waren überraschend strukturiert und wirkten auch durch hervorspringende Wollteile oder -kaskaden sehr plastisch. Außerdem zeigte sie „Heubilder“, hinter Glas gerahmte, künstlerisch angeordnete Heubüschel. Die Titel der Werke animierten zum Nachdenken über „Spuren, die das Leben gräbt“. Eines der Bilder hatte den Titel „Nach Tschernobyl“. Ihre schwarzen Kohlezeichnungen hatten Ähnlichkeit mit den „Heubildern“.
Wir hatten keine Gelegenheit, mit der Künstlerin zu sprechen und die Kinder konnten ihre Fragen nur an uns richten. Wir planten, uns mit einem Webbild zu befassen, das den Titel „Niagarafälle“ trug und mit einem „Heubild“.

Weberfahrungen

Im Kindergarten begannen wir mit den Vorbereitungen. Wir näherten uns dem Thema singend und tanzend. Außerdem planten wir Tasterfahrungen. Jedes Kind erhielt einen kleinen Webrahmen und konnte in der Freispielzeit nach Herzenslust weben. Zur Auswahl lagen sowohl farblich als auch strukturell unterschiedliche Wollreste bereit. Die dabei gemachten taktilen Erfahrungen haben wir in Tischspielen noch vertieft. So bekamen die Kinder bei verbundenen Augen ein Material in die Hand (Fell, Frottee, Leinen, Samt, usw.) und sollten auf dem großen, ihnen vorliegenden Tastbild das dazu gehörige Zwillingsteil ertasten. Das machte den Kindern so viel Spaß, dass sie regelrecht Schlange standen. Mitten im Gruppenraum stand ein großer Webrahmen. Zum Verweben hatten wir Stoffstreifen geschnitten und zu Knäueln aufgewickelt. Jedes Kind, das Lust hatte, konnte sich an der Gemeinschaftsarbeit beteiligen. Den Webvorgang selbst vertieften wir ebenfalls spielerisch: Die Kinder bildeten einen Kreis. Er braucht eine ungerade Zahl von Kindern. Ein Kind ging als „Webschiffchen“ unter den gefassten

und hochgehaltenen Händen der Kreiskinder in Schlangenlinien hindurch und wickelte dabei ein Wollknäuel ab. Als das Knäuel abgewickelt war, legten alle vorsichtig die um sie gewickelte Wolle auf den Boden. Dadurch war die Webtechnik sehr gut zu erkennen. Den Abschluss bildete der „Weberinnentanz". Der große Webrahmen blieb so lange im Gruppenraum, bis der Teppich fertig war.

Graserfahrungen

Unser nächstes Thema war Gras, bzw. Heu.
Es war Frühling und wir beobachteten eine Weile ein bestimmtes Stück abgegrenzte Wiese aus dem Garten. Wir sahen knospende und schon blühende Gänseblümchen, vermodernde Blätter eines nahe stehenden Apfelbaumes, krabbelnde Käfer und eilige Ameisen. Anschließend malten alle unser „Wiesenstück". Leider war es noch zu kühl, um barfuß über die Wiese zu laufen. Aus heutiger Sicht würden wir sicher kneippen. So bauten wir uns im Turnraum auf einer großen Plastikplane eine Fußfühlstraße auf und füllten die rechteckigen, dicht hintereinander stehenden Schüsseln mit Naturmaterialien (Rinde, Steine, Heu, Stroh, Kies und Sand).
Im Spiellied „Aus der Erde sprießt das Gras" wuchsen die Kinder langsam, wiegten sich im Wind, bogen sich im Sturm, lagen erschöpft am Boden und richteten sich wieder auf.
Wir sprachen mit ihnen darüber, was unser Kindergarten-Gras schon erlebt hat und den Kindern fiel einiges dazu ein: Sonne, Regen, Wind, Regenbogen, Gewitter, Schnee, fallendes Laub, Blumen, Käfer, Bienen, Ameisen, Kinder, Spielsachen, usw.
In dieser Zeit begannen wir, die Geschichte der Obodeldoks vom Schweinfurter Paul Maar in Fortsetzungen zu erzählen. Es ist die spannende Geschichte der „Grasländer", die irgendwann über ihren begrenzten Horizont hinauswachsen und bei den „Waldländern" Freunde finden.
Dann gingen wir endlich in die Ausstellung. Die Kinder staunten. Sie hatten noch nie so große Webbilder gesehen. Wir sagten ihnen, dass die Künstlerin die Eindrücke einer Amerika-Reise in die Webbilder „eingewebt" hätte. Wir setzten uns vor dem „Niagarabild" auf den Boden und schauten es lange an. Wir entdeckten die Farben, Formen und Strukturen und stellten Vermutungen an, was es bedeuten könnte. Dies ist vielleicht ein grauer Fels, jenes ein Wiesenstück? Die Kinder fanden heraus, dass die langen, blauen, aus dem Bild heraushängenden Wollkaskaden Wasser symbolisieren. Mit unserer Hilfe kamen sie auf einen Wasserfall und wir erzählten ihnen von den Niagarafällen.
Die Heubilder regten die Kinder an darüber nachzudenken, wo das Heu als Gras gewachsen sein könnte - vielleicht in Amerika? Welche Erlebnisse dieses Heu gehabt haben mag, als es noch als Gras in einer Wiese stand? Wir zeigten den Kindern das Tschernobyl Bild und sagten ihnen, dass die Künstlerin ein Heu benutzt hat, das als Gras Schlimmes erlebt hat und dass es vielleicht vergiftet sei. Die Kinder tippten auf Auspuffgase, oder Müll und wir beließen es dabei.
Im Kindergarten gestalteten wir anschließend ebenfalls Heubilder aus selbst gerupftem und getrocknetem Gras. Jedes Kind überlegte, wovon sein Heubüschel wohl träumen könnte. Dieser Traum wurde den Heubildern hinzugefügt. Es waren getrocknete Gänseblümchen, welke Apfelbaumblätter, gemalte Regenbogen, usw. Es entstanden wunder-

schöne Materialbilder, die wir natürlich ausstellten. In der Freispielzeit war das Weben noch wochenlang der Renner.

Udo Eisenacher

Als wir die Kopfausstellung von Udo Eisenacher aus Meiningen besuchten, gingen die selben Kopferfahrungen wie bei Heinz Altschäffel voraus. Es kam allerdings etwas Spannendes hinzu: Der Künstler hatte bei seinen Köpfen deren „Gedanken" nach außen transferiert, oben auf die Köpfe gemalt und ihnen passende Namen gegeben.
Wir befassten uns im Kindergarten also ganz besonders mit allem, was im Gehirn passiert:
Gedanken, Wünsche, Träume, Hoffnungen, Sehnsüchte, Zuneigung, Wut, Fröhlichkeit und Traurigkeit. Die Kinder waren fasziniert von ihren Köpfen.
In der Ausstellung hatte es ihnen besonders der „Dumpfkopf" angetan, aus dessen Kopf Bierkrug und Fähnchen wuchsen.
Udo Eisenacher war anwesend und beobachtete, wie die Kinder anschließend ihre Profile malten und ihre Wünsche/Träume obendrauf setzten. Da Ostern nicht mehr weit war, saßen auf etlichen Köpfen Osterhasen und -nester.

Das Spiel mit Klängen

Es gibt viele Möglichkeiten, Klanginstrumente in die pädagogische und thematische Arbeit einzubeziehen und mit den Kindern gemeinsam Erfahrungen zu machen. Erfahrungen, die beim elementaren, ganzheitlichen, kreativen Umgang mit den Instrumenten spielerisch entstehen und auch die pädagogische Kompetenz der Erzieherin in diesem wunderbaren, alle Sinne ansprechenden Bereich zunehmend erweitert, indem sie mit den Kindern spielt und lernt.
Ich stelle hier Klangspiele mit klaren Strukturen und Regeln vor, die auch für AnfängerInnen leicht umzusetzen sind. Mit der wachsenden Sicherheit und Kompetenz wächst dann auch die Lust auf weitere musikalische Erfahrungen, wie z. B. Klang-Geschichten oder musikalische Märchen.
Vor dem Spiel werden die möglichen oder nötigen Regeln festgelegt, z. B. Sitzordnung, Art und Anzahl der Instrumente, ob nacheinander oder miteinander gespielt wird, wer wann mit wem spielt,

Zwei Instrumente unterhalten sich.

Klangstärke und Klanglänge, Pausen oder ob die Instrumente gewechselt werden. Innerhalb dieser Regeln sollten die Kinder die Möglichkeit haben, frei zu improvisieren, zu gestalten oder zu experimentieren. Dann wird jedes Spiel immer wieder überraschend anders. Klangspiele brauchen keine lange Vorbereitung und müssen nicht geübt werden. Es müssen keine teuren Instrumente sein. Das Spiel macht auch Spaß mit selbst gebastelten Rasseln, Klappern, Trommeln oder Ratschen, usw.

Das Instrument mit geschlossenen Augen erforschen.

Die Klangspiele schärfen die Wahrnehmung der Kinder beim Erkennen und Unterscheiden von Klängen, sie lernen sich musikalisch auszudrücken, ihren eigenen „Spielraum“ zu gestalten und entwickeln dabei ihr ästhetisches Empfinden.

Die Kinder erleben sich beim Spiel in Beziehung zu Partner und Gruppe, nehmen musikalisch Kontakt auf, ordnen sich ein oder grenzen sich ab und erfahren Gemeinschaft. Sie lernen z. B., das andere Kind ausspielen zu lassen, zuzuhören und erst dann musikalisch zu „antworten“. Diese Erfahrungen lassen sich übertragen. Es gibt z. B. laute und leise Instrumente – wie auch Menschen. Die Cimbel ist sehr leise und hat doch einen wunderbaren Klang. Man muss aufmerksam und leise ihrem Spiel lauschen, um sie zu hören und sich an ihrem Klang zu erfreuen. Wer nicht hinhört oder selbst laut ist, kann sie überhören. So ist es auch im Leben. Wer aufmerksam ist, dem wird sich auch das Leisere erschließen. Ist das nicht eine wunderbare Erfahrung für die Kinder?

Sie lernen aber auch, dass gemeinsames Musizieren Regeln erfordert, an die sich alle halten müssen und dass alle gemeinsam die Verantwortung für das Gelingen tragen – eine wesentliche Erfahrung fürs Leben. Die Erzieherin kann in ihrer Rolle als Beobachterin vieles über die Kinder erfahren und kann fördernd, klärend oder helfend eingreifen. Bei der freien Wahl des Instrumentes etwa kann sie beobachten, wer gern „laute“ oder lieber „leise“ Instrumente bevorzugt, wie schnell oder langsam diese Entscheidung fällt, wer drängelt oder wer immer als letztes Kind ein Instrument bekommt, usw.

Wer kann sein Instrument ertasten?

Sie kann auch beobachten, ob das Kind lang oder kurz, laut oder leise, schnell oder langsam spielt, wie kreativ es seinen Beitrag gestaltet, ob es sich konzentrieren kann und an die Regeln hält, wie es sich in die Gruppe einbringt, wann, wie oder wo es das gemeinsame Spiel stört, ob es „führen" und auch „folgen" kann, ob es Blickkontakt aufnimmt und Freude am gemeinsamen Werk hat.

Zum Kennenlernen der Instrumente beginnen wir mit einer sinnlichen Annäherung: Die Kinder sitzen mit geschlossenen Augen im Kreis am Boden (Das Sitzen am Boden, evtl. auf einer Teppichfliese, ist gesünder als das Sitzen auf Stühlen und die Instrumente können nicht runterfallen). Jedes Kind bekommt ein Instrument in die Hände gelegt und ertastet es:

Wie fühlen sich Form und Material an (groß/klein, eckig/rund, hart/weich, glatt/rau, lang/kurz, dick/dünn, kalt/warm, schwer/leicht, usw.)?

Dann dürfen die Augen das Entdeckte überprüfen und weitere Eigenarten feststellen, z. B. die Farbe(n). Vor allem die Ohren können nun noch Interessantes hören, wenn die Kinder die Klangqualitäten ihres Instrumentes erforschen. Es geht dabei nicht nur um die typische Benutzung, sondern gerade auch um „artfremde" Versuche. Die Kinder werden am Instrument kratzen, tupfen, reiben, darüber streichen, darauf klopfen, es schütteln, bewegliche Teile bewegen, mit dem Instrument auf verschiedene Körperteile oder den Boden klopfen, usw.

Nun wird es aber Zeit, über die Namen der Instrumente zu sprechen. Den Kindern macht es sicher auch viel Spaß, zusätzliche Namen für die Instrumente zu erfinden, die etwas mit den zuvorgemachten Erfahrungen zu tun haben.

Zum Abschluss stellen alle Kinder der Reihe nach ihr Instrument „musikalisch" vor und gestalten dabei einen Geräusche-Ablauf. Dann folgt das gemeinsame „Schlusskonzert" - dirigiert von der Erzieherin oder einem Kind.

Damit ist Anfang und Schluss des Konzertes festgelegt, die kreative musikalische Gestaltung aber den Musikanten überlassen.

Das Spiel kann mit den selben ausgewechselten oder anderen Instrumenten noch oft gespielt werden, bis die Kinder nach und nach alle Instrumente genau kennen und sicherlich auch schätzen. Sind die Instrumente schon besser bekannt, könnten sie zum Auftakt unter einem Tuch versteckt am Boden liegend von den Kindern ertastet werden. Vielleicht können die Kinder inzwischen auch unsichtbare, versteckt gespielte Instrumente am Klang erkennen?

Unterwegs nach Leisenburg.

Auch das „Schlusskonzert" könnte variiert werden und es spielen abwechselnd erst die Holzinstrumente gemeinsam, gefolgt von denen aus Metall, usw.

Oder alle gemeinsam gestalten „schlafende" Wiesenblumen und spielen ganz leise. Dann, am Morgen wachen die Blu-

men auf, öffnen ihre Blütenkelche und alle spielen etwas lauter, usw. Vielleicht kommt ein Gewitter, der Wind oder die Sonne und die Kinder gestalten alles musikalisch. Zuletzt gehen die Blumen wieder schlafen und die Instrumente sind still.
Reizvoll ist auch die Unterhaltung zweier Instrumente. Dazu setzen sich zwei Kinder mit ihren Instrumenten in die Kreismitte. Zu beobachten ist, ob die beiden spielenden Kinder Blickkontakt aufnehmen, wer das „Gespräch“ beginnt oder beendet, ob sie gut zuhören und „aussprechen“ lassen können, wie lang oder kurz die Beiträge sind, und wie kreativ die Kinder ihr eigenes Instrument im „Gespräch“ einsetzen.
Die Kreiskinder beobachten und hören immer wieder ganz fasziniert zu. Alle lieben diese „Unterhaltungen“ sehr.
Um laut und leise geht es im Lied „In Leisenburg und Lauterbach“, das ganz leicht und vielseitig umzusetzen ist:

Refrain: Schritt für Schritt, so wandern wir von Schweinfurt bis nach Kiel, immer weiter geht es so, immer weiter geht es so, doch bald sind wir am Ziel.	Während des Refrains im Sitz abwechselnd rhythmisch mit den Füßen auftreten.
1. Vers Wir spielen heut in Leisenburg, da spielen wir ganz leise wenn das Konzert zu Ende ist, wenn das Konzert zu Ende ist, dann gehen wir auf die Reise.	Mit dem eigenen Instrument eine leise Musik/ Geräuschfolge passend zum Sprechrhythmus gestalten.
Refrain:	Wie oben
2. Vers: Wir spielen heut in Lauterbach, da geht es lauter zu, wenn das Konzert zu Ende ist, wenn das Konzert zu Ende ist, dann gehen wir zur Ruh.	Mit dem eigenen Instrument eine laute Musik/ Geräuschfolge passend zum Sprechrhythmus gestalten.

Variationen:

- Während des Refrains ohne Instrument herumgehen und mit Refrain- Ende wieder beim eigenen Instrument sitzen und damit passend den Vers gestalten.
- Auch die „Wanderung“ mit dem Instrument rhythmisch gestalten.

Durch den Wechsel der Instrumente werden bei späteren Wiederholungen immer wieder andere Erfahrungen gemacht.

Das Geburtstagskind freut sich über die Blumenstrauß-Musik.

Zuletzt noch eine Anregung fürs Geburtstagsfest:
Alle Kinder haben ein Instrument, nur das Geburtstagskind nicht. Es sitzt in der Kreismitte und bekommt von der Gruppe ein Konzert als Geschenk.

Dann darf sich das Geburtstagskind einen „musikalischen Blumenstrauß pflücken (einige Kinder mit ihren Instrumenten in die Mitte holen) und bekommt von den erfreuten „Blumen“ eine „Extra-Strauß-Musik“!!! Einfache Instrumente zum Selbermachen:

- Einen aufgeblasenen Luftballon tupfen, schlagen, zupfen, reiben
- Zwei halbe Kokosschalen, zwei Steine, Schneckenhäuser oder Topfdeckel aneinander reiben oder klopfen
- Schlüsselbund schütteln oder die Schlüssel aneinander reiben, tupfen oder schlagen
- Kronkorkenrassel: Kronkorken in der Mitte durchbohren, locker auf 4–6 lange Nägel auffädeln und die Nägel so in die obere Hälfte eines Rundstabes nageln, dass sich die gleiche Anzahl Nägel genau gegenüber befindet und die untere Hälfte zum Greifen frei ist.

- Schüttelbüchsen: Dosen locker mit Materialien wie Reis, Bohnen, Nägeln, Knöpfen, usw. füllen.
- Röhrenrasseln: Klo- oder Haushaltsrollen locker mit den selben Materialien füllen und verschließen.
- Ein Bambusrohr in 20 cm lange Stücke sägen und je zwei aneinander reiben oder schlagen.

Klassische Musik in der Bewegungserziehung

Kinder lieben Musik.
Sie singen gerne, benutzen ihre Körperinstrumente (Klatschen, Patschen, Schnippen, Schnalzen, Trampeln) und experimentieren mit Geräusch- und Klanginstrumenten. Sie hören auch sehr gerne Musik und wie lustvoll sie sich dazu bewegen, ist bei jedem Bierfest zu beobachten, wo schon die Kleinsten zur Musik wippen oder sich drehen.
Natürlich wird auch bei uns täglich gesungen und getanzt. Wir experimentieren auch mit Klängen und spielen Klanggeschichten. Unser Anliegen war aber auch - wie bei der darstellenden Kunst - den Kindern Lust auf klassische Musik zu machen. Wir wollten die Kinder mit einem Komponisten und einem seiner Werke bekannt machen, wollten ihnen zeigen, dass Themen instrumental dargestellt werden können und wir wollten mit ihnen zur Musik das Thema in Bewegung umsetzen.
Wir begannen erfolgreich mit „Peter und der Wolf“ von Prokofieff, einem den Kindern vertrauten musikalischen Märchen. Aber auch unser nächster Versuch begeisterte die Kinder: „Der Frühling“ von Vivaldi, ein Stück ganz ohne erklärende Textpassagen. Das mussten wir also übernehmen. Die Vorbereitung lief ganz ähnlich bei beim ersten Mal, denn die Kinder brauchen für die einzelnen Rollen ein Bewegungsrepertoire. Sonst laufen sie z. B. während der „Vogelmusik“ nur mit den Flügeln flatternd herum. Ein Vogel kann aber mehr als nur fliegen. Kleine spontane Vorführungen für die Eltern lösten Begeisterung aus und als wir das Stück einmal während der Frühstückspause auflegten, hielt es die Kinder kaum noch auf ihren Plätzen. Sie stellten die Rollen mit Händen, Armen und Füßen dar.
So haben wir es gemacht:
Beide aus „Die schönsten Turnstunden“, Pohl-Verlag, v. Schaffner

Klassische Musik in der Bewegungserziehung

Karin Schaffner

„Peter und der Wolf" von Prokofieff – für Kinder im Alter von fünf bis acht Jahren

Lernziele

• Fähigkeit ein instrumental dargestelltes Märchen in Bewegung umzusetzen und die Zuordnung bestimmter Instrumente und Motive zu den einzelnen Rollen zu erkennen.
Eine Hilfe, evtl. auch für die Übungsleiter, ist der Sprecher, der Stück und Handlung erzählend begleitet.

Geschichte

Peter geht auf die Wiese, er trifft dort den Vogel und die Ente, die sich streiten. Die Katze schleicht heran und der Vogel bringt sich in Sicherheit. Großvater tritt auf die Wiese, warnt Peter vor dem Wolf und nimmt ihn mit ins Haus. Der Wolf erscheint, Katze und Vogel bringen sich in Sicherheit, die Ente wird gefressen. Peter fängt den Wolf, Jäger kommen und schießen, alle bringen den Wolf im Triumphzug in den Zoo.

Hinführende Bewegungsspiele

Das Bewegungsrepertoire der einzelnen Märchenfiguren mit den Kindern besprechen und ausprobieren.

• Was macht ein fröhliches Kind auf einer Wiese? Es tanzt, springt, dreht sich, pflückt Blumen und schaut nach Spielkameraden aus (Abb. 1).

• Was macht ein Vogel? Er fliegt, hüpft und putzt sich (Abb. 2).

• Was macht eine Ente? Sie watschelt, flattert, putzt sich und schwimmt (Abb. 3).

• Was macht eine Katze? Sie schleicht, räkelt und putzt sich, fängt sich einen Vogel oder eine Maus (Abb. 4).

• Wie geht ein alter Mensch? Er geht langsam, humpelt, schlurft und hält sein Kreuz (Abb. 5).

• Was macht der Wolf? Er schleicht, schaut sich wild um und reißt sein Maul auf (Abb. 6).

• Was machen die Jäger? Sie gehen durch den Wald, lauern und beobachten, zielen und schießen (Abb. 7).

• Wie sieht ein Triumphzug aus? Große Freude wird beim gemeinsamen Gehen hintereinander Ausdruck verliehen (Abb. 8).

①

②

③

④

⑤

⑥

⑦

Mit diesem Handlungs- und Bewegungsrepertoire wird es den Kindern anschließend leicht fallen, die Rollen auszugestalten. Natürlich können für eine Aufführung die Rollen auf verschiedene Kinder verteilt werden. In der Turnstunde werden aber alle Rollen gemeinsam gespielt. Wenn zwei Figuren gleichzeitig spielen, wird den Kindern die Wahl überlassen.

Einleitung

Der Sprecher stellt die Figuren vor. Die Kinder bewegen sich entsprechend rhythmisch zur Musik. - Peter tanzt, Großvater geht wie ein alter Mann, der Vogel fliegt, die Ente watschelt, die Katze schleicht, die Jäger gehen, die Gewehrschüsse werden durch Trommeln mit Fäusten auf die Bank oder mit Trampeln der Füße auf den Boden dargestellt; der Wolf schleicht, droht - oder schaut sich um.

Hauptteil

Der Sprecher begleitet die musikalischen Abschnitte erzählend.

- Peter geht auf die Wiese - spielen, wie zuvor erarbeitet.
- Der Vogel erscheint - spielen, wie zuvor erarbeitet.
- Die Ente erscheint - spielen, wie zuvor erarbeitet.
- Vogel und Ente streiten sich - den Kindern die Rollenwahl und die Gestaltung überlassen (Abb. 9).

⑧

⑨

⑩

- Die Katze erscheint - spielen, wie zuvor erarbeitet.
- Die Katze versucht den Vogel zu fangen - den Kindern die Rollenwahl und die Gestaltung überlassen (Abb. 10).
- Der Großvater tritt auf und schimpft mit Peter - den Kindern die Gestaltung überlassen.
- Peter hat überhaupt keine Angst - den Kindern die Gestaltung überlassen (Abb. 11)
- Großvater und Peter gehen zusammen ins Haus - den Kindern die Rollenwahl und die Gestaltung überlassen.
- Der Wolf erscheint - spielen, wie zuvor erarbeitet.
- Die Katze bringt sich in Sicherheit - den Kindern die Gestaltung überlassen.
- Der Wolf fängt die Ente und verschlingt sie - den Kindern Rollenwahl und Gestaltung überlassen. Wahrscheinlich werden nur „Wölfe" gespielt.

⑪

⑫

- Vogel und Katze sind traurig, der Wolf reibt sich den Bauch - den Kindern die Gestaltung überlassen.
- Der Wolf geht um den Baum und hat noch mehr Hunger - den Kindern die Gestaltung überlassen.
- Peter erscheint wieder und will den Wolf fangen - den Kindern die Gestaltung überlassen (Abb. 12).
- Der Wolf versucht, den Vogel zu fangen - den Kindern die Rollenwahl und Gestaltung überlassen.
- Peter fängt den Wolf - den Kindern Rollenwahl und Gestaltung überlassen.
- Der Wolf tobt und trauert - den Kindern die Gestaltung überlassen.
- Die Jäger erscheinen - spielen, wie zuvor erarbeitet.
- Gewehrschüsse - mit den Fäusten auf eine Bank trommeln oder mit den Füßen trampeln.
- Peter ist stolz und freut sich - den Kindern die Gestaltung überlassen.
- Alle bringen den Wolf im Triumphzug in den Zoo - spielen, wie zuvor erarbeitet.

Abschlussgespräch mit den Kindern: Was hat euch am besten gefallen?"

Zeichnung von Ingrid Then-Müller, Schweinfurt
Karin Schaffner, Schweinfurt

Klassische Musik in der Bewegungserziehung

Karin Schaffner

„Der Frühling“ aus „Die vier Jahreszeiten“ von Vivaldi – für Kinder im Alter von fünf bis acht Jahren

Lernziele

- Fähigkeit, die Natur differenziert wahrzunehmen und das Wahrgenommene in Sprache und Bewegung umzusetzen.
- Das Kennenlernen eines Komponisten und eines seiner Werke.
- Fähigkeit, zu erkennen, dass Themen (z. B. Frühling) instrumental dargestellt werden können, und dies in Bewegung umzusetzen.

Einleitung

Alle sitzen um eine Blumenschale voller blühender Frühlingsboten (Osterglocken, Tulpen, Narzissen oder Hyazinthen) und sprechen über den Frühling.
Nicht nur die Augen können vieles entdecken, auch die Ohren und die Nase, sogar die Haut! Alle unsere Sinne entdecken wunderbare Veränderungen.
Die Kinder fragen, was ihnen am Frühling besonders gefällt. **Beispiel:** Blumen blühen und duften, die Vögel fliegen oder zwitschern, der Wind raunt oder streichelt die Haut, Sonne macht alles warm und hell, der Tag wird länger, Bäche murmeln und plätschern wieder.

Einzelne Beispiele herausgreifen und spielen lassen

- Wir sind Vögel. Sie fliegen, baden, strecken und putzen sich, bauen ein Nest, brüten, machen ein Konzert.
- Wir sind Blumen. Sie spüren die Sonne, rühren sich langsam und wachsen aus der Erde und werden immer größer. Sie öffnen ihre Blüten, wiegen sich im Wind oder beugen sich beim Frühlingsgewitter.
- Wir sind Bäche. Sie plätschern dahin, schwellen zu reißenden Frühlingsbächen an, die Wellen überschlagen sind. Es gibt viele Möglichkeiten der Darstellung. Die Kinder werden am Ort Hände und Arme einsetzen, durch den Raum laufen und mit dem Körper Wellen beschreiben oder als Wellen sich am Boden wälzen.
- Wir sind Gewitter. Zuckende Arm- oder Beinbewegungen stellen den Blitz, Trommeln mit den Fäusten oder Trampeln mit den Füßen den Donner dar.
- Wir freuen uns über den Frühling. Tanzen, hüpfen, springen, sich umarmen.
- Wir haben Angst vor dem Gewitter. Klein machen, sich verstecken oder eng zusammendrängen.

Im Sitzkreis über Vivaldi sprechen und gemeinsam die Musik anhören

Er ist ein italienischer Komponist und hat, weil er sich so über den Frühling gefreut hat, eine Frühlingsmusik komponiert, sozusagen ein musikalisches Gedicht – ein Sonett. Viele Instrumente spielen zusammen, manche stellen die Vögel dar (eventuell Foto einer Geigerin zeigen), andere die Quellen und Bäche, wieder andere das Gewitter oder den Ziegenhirt, der vor Freude über den Frühling mit Nymphen und Feen auf einer Blumenwiese tanzt. Viele Musiker – ein ganzes Orchester – haben diese Musik zusammen gespielt und wir hören nun die CD. Musik gemeinsam anhören und auf die einzelnen Motive hinweisen.

Die Kinder spielen und tanzen zur Musik

Die Kinder im Rahmen des zuvor Erarbeiteten frei gestalten lassen!

Die einzelnen Abschnitte.

- Großer Jubel über den Frühling. Alle Kinder tanzen, springen, jubeln und rufen sich immer wieder begeistert zu: „Der Frühling ist da!“ (Abb. 1).
- Die Vögel sind wieder da. Die Kinder entsprechend gestalten lassen, wie zuvor erarbeitet (Abb. 2).
- Großer Jubel über den Frühling (Abb. 1).
- Das Eis ist geschmolzen, Quellen und Bäche sprudeln und die Frühlingswinde wehen wieder. Rollenwahl und Gestaltung den Kindern überlassen (Abb. 3).
- Großer Jubel über den Frühling (Abb. 1).
- Ein Frühlingsgewitter kommt, die Vögel haben Angst (Abb. 4). Rollenwahl und Gestaltung den Kindern überlassen.

• Großer Jubel über den Frühling (Abb. 1).
• Der Ziegenhirt und sein Hund schlafen, wachen dann auf und tanzen mit den Nymphen und Feen auf der Wiese. Alle liegen „schlafend" am Boden, wachen dann auf. Rollenwahl und Gestaltung den Kindern überlassen. Es kann zu zweit, mehreren oder auch allein getanzt werden (Abb. 5)
• Großer Jubel über den Frühling (Abb. 1).

Anschließend im Sitzkreis ein Gespräch über das gemeinsam Erlebte führen.

Zeichnungen von Ingrid Then-Müller, Schweinfurt
Karin Schaffner, Schweinfurt

5.1.2 Feste mit viel Sinneswahrnehmung und Bewegung

Geburtstag

Natürlich haben sich auch unsere Feste sehr verändert und verändern sich immer wieder. Früher durften sich die Geburtstagskinder zum Abschluss ihrer Feier immer noch eine Vorlesegeschichte wünschen. Inzwischen wünschen sie sich meist eine Be-

Die Reise zum Mond

Text (Leiterin):	*Ablauf (Alle):*
Alles einsteigen!	Po leicht vom Stuhl abheben und wieder setzen
Anschnallen!	Pantomimisch anschnallen
Antennen ausfahren!	Die gestreckten Zeigefinger auf den Kopf halten und je einmal hochführen
Knöpfe überprüfen!	Pantomimisch an imaginären Knöpfen drehen
Starten! Drei, zwei, eins, null!!!	Steuerknüppel fassen, pantomimisch Gas geben
Unter dem Regenbogen durch!	Ducken, Kopf einziehen
Ein Gewitter, das Raumschiff wackelt!	Alle wackeln
Wir sind durch!	Entspannen
Der Mond! Bremsen!	Pantomimisch stark bremsen
Landung!!!	Rück- und vor„ruckeln"
Antennen einziehen!	Arme in Hochhalte, die Zeigefinger nacheinander zum Kopf senken
Abschnallen!	Pantomimisch darstellen
Aussteigen! Mond erkunden!	Im Stand Hände zum Fernrohr formen. Umsehen.
Alles in Ordnung???	Alle: „ Nein! Grüne Männchen!!! Monster!!! Ungeheuer!!! Iiii!!
Zurück!	Sitz

Nun geht es so schnell wie möglich zurück. Also: Anschnallen - Antennen ausfahren - Knöpfe überprüfen - Starten - Durchs Gewitter - Unter dem Regenbogen durch - Landen auf der Erde - Antennen einfahren - Abschnallen - Puh, war das aufregend! - Geschafft!

Die Bärenjagd

Text	*Ablauf*
Wir gehen heute auf Bärenjagd.	„Jaaa!!!“
Hat jemand Angst?	„Nein!“
Kommen alle mit???	„Jaaa!!!“
Wir reiten durch die Prärie!	Auf den Boden trampeln
Unwegsames Gelände! Pferde anbinden!	Pantomimisch spielen
Mit dem Messer einen Weg bahnen!	Pantomimisch spielen
Wir müssen durch Sumpfgelände!	Knie abwechselnd hochziehen
Ein See! Wir müssen schwimmen!	Schwimmbewegungen machen
Wir sind gleich da. Vorsichtig durchs Gras schleichen!	Gebeugt abwechselnd leise mit den Fußspitzen auftippen
Pssst, die Höhle!	Finger vor den Mund legen
Huuu, der Bär!!!! Schnell zurück!!!	

Nun geht es so schnell wie möglich zurück: Durch das Gras, den See, das Sumpfgelände, das unwegsame Gelände, mit den Pferden durch die Prärie. Endlich sind alle in Sicherheit. War das aufregend!

wegungsgeschichte, wie z. B. „Die Reise zum Mond“ oder „Die Bärenjagd“, die gut am eigenen Platz zu spielen sind. Ein schönes Beispiel ist auch „Der musikalische Blumenstrauß“. Sie finden ihn in Kap. 5.1.1 „Das Spiel mit Klängen“.

Sommerfest

Auch unser Sommerfest bot und bietet viele Möglichkeiten Sinnes- und Bewegungserfahrungen zu machen. Unter einem großen Ahornbaum ist der Verkleidungsbereich. Am Stamm lehnt ein großer Spiegel, in dem die feinen Damen und Herren, die Bräute, Ganoven, Piraten oder Cowboys sich bewundern können. In der Schmink- oder Frisierecke kann die Verkleidung noch vervollkommnet werden. Fußfühlstraße, Trampolin

Kaltes Büfett

Tischgebet

und Kullerkreisel warten nicht lange auf Benutzer und das Jugendamt stellt uns seine Hüpfburg und den „Spielbus Max“ mit seinen Spielgeräten zur Verfügung (Pedalos, Stelzen, Rutschen, Riesenlegos, usw.) Als die Tanzgruppe des Schweinfurter Jugendhauses bei uns auftrat, schafften es die Tänzerinnen, alle Kinder und fast alle Erwachsenen zum Mittanzen zu animieren. Das war ein fröhliches Bild!

Weihnachten

Die Advents- und Weihnachtszeit ist eine besonders bewegungsarme Zeit, weil draußen meist Matschwetter herrscht, es bald dunkel wird und die Kinder deshalb kaum ins Freie kommen. Aber auch, weil dadurch bedingt noch mehr Zeit vor dem Fernseh- oder Videogerät und vor dem Computer verbracht wird. Gleichzeitig sind viele Erwachsene gestresst und verbreiten auch zu Hause vorweihnachtliche Hektik. Im Kindergarten beginnt für die Kinder eine eher stille Zeit mit Kerzenschein und besinnlichen Geschichten und die innere Spannung auf das Weihnachtsfest wächst und wächst.
Damit die Adventszeit bewegter wird, entstand damals ein ganzes Weihnachtskapitel meines Buches „Die Welt ist schön“, Band 1, Pohl-Verlag. Dieses Kapitel wurde seitdem auch schon mehrfach bei Weihnachtsaufführungen gespielt. In diesen Spielliedern schleichen die Kinder zum Weihnachtszimmer und spitzen durchs Schlüsselloch der noch verschlossenen Tür. Wir machen uns auf den Weg nach Bethlehem, spielen die Erwachsenen-Weihnachtshektik, sind die Hirten auf dem Feld, fahren mit dem Weihnachtsexpress zum Einkaufen und putzen die Sterne blank. Wir tanzen als Spielzeug nachts im Spielzeugladen, fertigen als Heinzelmännchen die Geschenke und backen Plätzchen oder Lebkuchenmänner und -frauen.
Hier eine Turnstunde, die sich eher mit dem weltlichen Aspekt der Weihnachtszeit befasst:

Einleitung:
Rückenwahrnehmung „Sinans Wunschzettel“

Bald ist Weihnachten und alle Kinder freuen sich schon sehr. Natürlich schreiben sie auch einen Wunschzettel an das Christkind.

Hauptteil:
Die Erwachsenen fahren mit dem Auto, dem Omnibus oder der Eisenbahn in die nahe Stadt, um Geschenke einzukaufen:
Zu Zweien oder mehreren aneinander gehängt kreuz und quer fahren. „Brrrr“ machen die Autos oder Omnibusse, „Schschsch“ schnauft die Eisenbahn.

In den Spielwarengeschäften gibt es die schönsten Spielsachen:
Die Ideen der Kinder aufgreifen und gemeinsam spielen, z. B.:
Ein Ball hüpft und rollt: Seitwärts wälzen oder vorwärts hüpfen,
eine Puppe geht: Marionettenhaft vorwärts bewegen und evtl. mit den Wimpern klimpern.

Partnerspiel. So hintereinander sitzen, dass das hintere Kind auf den Rücken des Vorderkindes „schreiben“ kann.

Sinan hüpft und springt und strahlt,	Beidhändig im Wechsel den Rücken abklopfen
denn das Christkind kommt nun bald.	
Deshalb nimmt er sich ein Blatt,	
streicht es vor dem Schreiben glatt.	Rücken streicheln
Liebes Christkind schreibt er munter,	Mit dem Zeigefinger eine Zeile nach der anderen „schreiben“
komme bald zu mir herunter.	
Bringe schöne Sachen mit,	
um ein paar ich extra bitt’:	
Einen Ball schön kugelrund,	Kreis malen
ein paar Stifte, lang und bunt,	Striche malen
ein Rennauto mit Achterbahn,	Ununterbrochen eine Acht malen
das kann dann immer Achter fahrn.	
Schöne Kugeln, bunt, aus Glas,	Viele Punkte malen
einen Luftballon voll Gas,	Sehr großen Kreis malen
eine Zickzack-Kugelbahn,	Zickzacklinie malen
ein Schächtelchen für meinen Zahn.	Quadrat mit Punkt in der Mitte malen
Und zum Kuscheln wünsch ich mir	Rücken streicheln
ein kuschelweiches Schmusetier	
und ein Kätzchen namens Grete.	Rücken kratzen
Außerdem hätt’ ich gern Knete.	Rücken kneten
Liebes Christkind, ach ich bitt’,	Zeilen „schreiben“
bring mir etwas davon mit.	
Schenken ist ein schöner Brauch,	
Sinan kribbelts schon im Bauch.	Rücken kitzeln und auf „Bauch“ zum Bauch greifen

Wechseln nicht vergessen.
Aus „Auf deinem Rücken tut sich was“, Schaffner, Pohl- Verlag

Ein Hampelmann hampelt: Grätschsprung mit Handklatsch über dem Kopf, Schlusssprung mit Seitsenken der Arme.
Kreisel drehen sich: Im Stand, Sitz, in der Bauch- oder Rückenlage am Ort drehen.
Bären tapsen und brummen: Tapsig hin und herwiegen.
Feuerwehrautos fahren: Mit Tatütata durch die Gegend flitzen.
Kaleidoskope verändern sich: Immer drei bis fünf Kinder legen sich sternförmig auf den Boden und
verändern auf ein Signal ihre Position innerhalb ihrer Kreisform.
Schmusetiere werden lebendig: Hunde, Katzen, Elefanten, usw. bewegen sich.

Schluss:
Zu Hause werden Lebkuchenmännchen und -mädchen gebacken:

Zu Zweien abzählen. Alle Einser stehen als „Rührschüssel“ mit Handfassung im Kreis, alle Zweier stehen außen herum und kommen nach und nach als „Backzutaten“ in die Schüssel. Was muss denn hineinkommen?
Mehl, Zucker, Eier, Backpulver, Vanillezucker, Zimt, Nelken, Zitronat, Honig, Mandeln.
Wenn alle im Schüsselkreis sind, wird der Mixer eingeschaltet – brrrrrr! Alle „Zutatenkinder“ laufen im Kreis umeinander.
Danach löst sich der Kreis auf und alle Einser nehmen sich ein Stück Teig (ein Zweier-Kind):
Der (liegende)Teig wird nochmals durchgeknetet, ausgerollt, geformt und mit Mandeln verziert: Das liegende Kind hin und herrollen, dann seine ganze Kontur ummalen. Zuletzt mit den Händen auf das liegende Kind tupfen.
Dann kommen die Lebkuchen in den Ofen: An den Füßen ein kleines Stück ziehen.
Im Ofen kommt die heiße Backluft: Das liegende Kind anpusten.
Die fertigen Lebkuchenmännchen und -mädchen rausholen.
Als die Einser-Kinder gerade ihren leckeren Lebkuchen essen wollen, wird er lebendig und reißt aus!
Wechseln nicht vergessen.

Übernachtung im Kindergarten

Höhepunkt und Abschluss der Kindergartenzeit ist die Übernachtung der Vorschulkinder im Kindergarten. Das Fest beginnt um 17.00 Uhr.
Ein großes Willkommensschild und viele Luftballons stimmen schon am Eingang fröhlich. Die Eltern helfen ihren Kindern noch beim Bettenbau im Turnraum und verabschieden sich dann. Nun werden noch einmal die Lieblingsgeschichten vorgelesen und/oder die beliebtesten Kreisspiele gemacht.
Was hat in der Kindergartenzeit besonders viel Spaß gemacht, was wurde als besonders schön empfunden? Vielleicht waren die Kinder auch einmal traurig und worüber? Damit die Zurückbleibenden sich noch lange an sie erinnern, malen die Kinder sich. Diese Portraits werden anschließend ausgestellt.
Dann geht es in einer aufregenden Verfolgungsjagd beim „Räuber und Gendarmspiel“ zum nächstgelegenen Spielplatz, wo in den Büschen auch ein versteckter Schatz entdeckt wird. Zufällig sind in der Schatzkiste Taschenlampen drin! Wie praktisch!!!
Wieder im Kindergarten, laben und stärken sich alle am kalten Büfett.

Zauberstunde

Das Sandmännchen kommt …

Inzwischen ist es draußen dunkel geworden und alle sind mit ihren Taschenlampen im Garten unterwegs. Erst als der Zauberer eintrifft sitzen wieder alle still und beobachten fasziniert die Kunststücke. Jahrelang haben wir die Kinder mit folgendem Kunststück verblüfft:
Der Zauberer stand hinter einem quer gestellten niedrigen Schrank und hatte seine Zauberutensilien auf dem Schrank ausgebreitet. Eine Erzieherin trocknete demonstrativ in der Küche Geschirr ab – zwei Kinder versuchten sie zu holen, aber sie blieb in der Küche und die Vorführung begann ohne sie. Allgemeines Bedauern. Die Tür blieb offen und da der Schrank dicht bei der Tür stand, konnte die Erzieherin – von den Kindern unbemerkt – zu des Zauberers Füßen krabbeln. Dabei hatte sie ihr Geschirrhandtuch und einen Teller. Natürlich merkte

und streut Sand.

der Zauberer, dass ein Zuschauer fehlte und bot an, die fehlende Person herbeizuzaubern. Er nahm eine Krabbelröhre (zwei Reifen sind durch ein zusammengenähtes Betttuch verbunden), ließ die Kinder vorher hindurchschauen und hielt sie dann senkrecht. Während er seinen Zauberspruch murmelte (Hokus pokus einszweidrei, wer noch fehlt komm' jetzt herbei!), krabbelte die Erzieherin von unten in die Röhre. Als er den oberen Reifen langsam senkte, stand - herbeigezaubert - unsere Erzieherin Teller abtrocknend neben dem Zauberer und war sichtlich verwirrt.
Mit dem Teller in der Hand - ssssst - blitzschnell von der Küche in das Zauberzimmer. Die Kinder konnten es kaum fassen!!!

Nach der Zauberei - es ist schon spät - wird es Zeit ins Bett zu gehen. Beim Schlaflied „versingt" sich die Erzieherin regelmäßig unter großem Hallo: „Schlaf, Kindchen schlaf, der Vater ist ein Schaf, die Mutter lutscht am Däumelein, fällt dabei vom Bäumelein, ..."

Also sowas!

Gerade als die Kinder bei der Sandmanngeschichte - in der der Sandmannsohn mit dem Dreirad unterwegs ist - müde werden, hören sie ein leises Glöckchen und in den Schlafraum fährt - auf seinem Dreirad - der Sandmannsohn! Alle sind fasziniert und obwohl er Sand streut, schlafen die Kinder noch lange nicht. Am nächsten Morgen, nach der Morgengymnastik, erwarten uns die Eltern im Gemeindesaal zum gemeinsamen Frühstück. Da gibt es viel zu erzählen, bevor die Kinder ihr Abschiedsgeschenk bekommen!

5.1.3 Elementare mathematische Spiele

Beim ganzheitlichen Lernen von elementaren mathematischen Inhalten wird neben der Motorik, Rhythmik und Reaktion die Wahrnehmungsfähigkeit, die Merkfähigkeit, das logische Denken, das Ausdrucksvermögen und die Sprache gefördert und Spaß macht es noch obendrein!!!
Für eine dazu passende Turnstunde eignen sich im Grunde alle Kleingeräte. Auch ein großer Zahlenwürfel könnte hier zum Einsatz kommen und z. B. vorgeben, wie oft eine Übung geturnt oder mit wieviel Materialien gleichzeitig gearbeitet werden muss.

Hier eine beispielhafte Turnstunde mit dem Reifen im Zahlenraum eins bis fünf:

Zahlenspiele für Kinder im Vor- und Grundschulalter
So viele Reifen wie Kinder liegen verteilt im Raum.

Einleitung:
In Kurven um alle Reifen laufen und auf Zuruf finden sich so schnell wie möglich ein, zwei, drei, vier oder fünf Kinder in einem Reifen.

Hauptteil:
Zur Musik um alle Reifen bewegen: Vor-, rück- oder seitwärts gehen, laufen oder hüpfen. Mit Musikende eilen - entsprechend dem Zuruf - eins, zwei, drei, vier oder fünf Kinder zu einem Reifen und denken sich eine gemeinsame Übung mit/an dem Reifen aus.

Beispiele

Eins:

- Im Reifen so klein wie möglich machen
- Seilhüpfen mit dem Reifen
- Den Reifen kreiseln und kurz bevor er still liegt hineinspringen
- Vor-, rück- oder seitwärts in den und aus dem Reifen springen
- Den Reifen hochwerfen und fangen

Zwei:

- Den Reifen zuwerfen
- Den Reifen zuschieben
- Den Reifen zurollen
- Pferd und Kutscher
- Gemeinsam oder nacheinander durch den waagerecht gehaltenen Reifen steigen

Drei:

- Gemeinsam Schrittwechselhüpfen am liegenden Reifen
- Den Reifen beidhändig gefasst ununterbrochen im Kreis herumgeben
- Mit dem beidhändig gefassten Reifen Seitgalopp im Kreis
- Zwei Kinder lassen das dritte Kind durch den niedrig waagerecht gehaltenen Reifen schlüpfen
- Dasselbe, aber den Reifen waagerecht halten

Vier:

- Den Reifen beidhändig gefasst schwer nach hinten lehnen und langsam im Kreis gehen
- Dasselbe, aber gemeinsam im Wechsel Stand und Sitz ausführen
- Im Grätschsitz mit leicht angehockten Beinen „Rollenden Kreis“ machen
- Dasselbe, aber den Reifen auf die Füße legen und gemeinsam langsam heben und senken
- Gemeinsam umschlungen im Reifen stehen

Fünf:

- Den Reifen rechts gefasst halten und mit links ausgestrecktem Arm wie ein Mühlrad drehen
- In der Bauchlage den beidhändig gefassten Reifen heben und senken
- Den Reifen im Kreis von einem Kind zum anderen rollen
- Dasselbe, aber werfen
- Dasselbe, aber schieben

Reifen wegräumen.

Schluss: „Die Essbude"
Alle Kinder laufen in Kurven umeinander herum. Auf Zuruf finden sich entsprechend viele Kinder zusammen und legen sich übereinander, nur beim Zuruf „Fünf" legen sich fünf Kinder zur langen Schlange aneinander.
„Salzstange": Ein Kind - „Käsebrot": Zwei Kinder - „Gezwicktes (Zwei Brötchenhälften mit Bratwurst): Drei Kinder - „Döner kebab" (Fladenbrot, Fleisch, Salat, Zwiebeln): Vier Kinder - „Spaghetti": Fünf Kinder.

Wenn aber z. B. thematisch gerade „Märchen" auf dem Programm stehen, wird das Abschluss-Spiel verändert, bestimmte Märchenfiguren oder -gruppen werden aufgerufen und entsprechend viele Kinder finden sich zum Kreis mit Handfassung zusammen und drehen sich. Natürlich müssen die aufgerufenen Märchen und die damit verbundene Zahl den Kindern vertraut sein.

Im Märchen spielt häufig eine bestimmte (An)Zahl eine Rolle: Rapunzel ist allein im Turm, auch Rumpelstilzchen tanzt allein ums Feuer (1), Hänsel und Gretel sind zwei und Schneeweißchen und Rosenrot ebenfalls (2), Tischlein deck dich, Goldesel und Knüppel aus dem Sack sind drei (3), die Bremer Stadtmusikanten sind vier (4) und der Wolf will sieben Geißlein fressen (7), usw.

5.1.4 Verkehrserziehung

Damit Kinder im Verkehr sicher werden, wird auch in Kindergärten vieles getan. Zu uns kommt z. B. die Polizei zu Besuch in den Kindergarten und natürlich auch ihr Verkehrserzieher. Außerdem besuchen wir mit den Vorschulkindern die Schweinfurter Verkehrsschule, wo sie - von Verkehrsregeln gelenkt und fachmännisch beobachtet - mit den Fahrzeugen umherflitzen.
In vielen Turnstunden finden Reaktionsspiele statt, die indirekt auch Verkehrserziehung sind und für draußen haben wir - wie die meisten Kindergärten - einen umfangreichen „Fuhrpark". Die Kinder können z. B. auf Rollern ihre Balance, Rücksichtnahme und das geschickte Ausweichen üben.
Wir arbeiten seit vielen Jahren durchgängig mit dem Signal ROT = STOPP!!!. Überall wo Gefahrenpunkte oder ganz wichtige, strenge Regeln zu beachten sind, erinnern wir die Kinder mit dem Signal ROT daran.

Hier einige Beispiele:
Im alten Haus war der Eingangsbereich nur unzureichend abgesichert. Ein Kind hätte deshalb leicht unbeobachtet nach draußen können. Deshalb haben wir den Kindern nicht nur eingeschärft, dass dort nicht gespielt werden darf, sondern wir haben am Boden mit breitem, roten Klebeband den verbotenen Bereich markiert: STOPP, ab hier darf nicht gespielt werden.
Da unsere Kinder in der Freispielzeit auch alleine im Turnraum spielen und sich Bewegungslandschaften bauen dürfen, haben wir ihnen die zu beachtenden Regeln eingeschärft. Diese werden sporadisch abgefragt und deren Einhaltung überprüft. Eine der Regeln lautet: „Bevor an den Kletterwänden geklettert wird, muss der Bereich darunter mit Matten abgesichert werden.“ Damit die Kinder auch wirklich daran denken, hängen auf halber Höhe in der Mitte an allen Sprossenwänden rote Bänder. ROT = STOPP, hier gibt es eine strenge Regel zu beachten!
Wenn die Matten liegen, kann geklettert und auf halber Höhe das rote Band auf die Seite geschoben werden.

Auch im Garten funktioniert dieses rote Signal:
In unserem Kletterbaum haben wir an allen Ästen mit rotem Klebeband die erlaubte Kletterhöhe markiert. Dort heißt es STOPP, höher dürfen die Füße nicht klettern.
Auch unsere echte Baustelle ist mit rot/weißen Balken abgesichert und die Eltern haben noch ein echtes Baustellenschild hergestellt.
Es ist wirklich erstaunlich, wie gut dieses Signal „ROT = STOPP“ funktioniert und von den Kindern verinnerlicht wurde. Wir erleben kaum Übertretungen.

5.15 Religiöse Erziehung

Frühling/Ostern/Pfingsten

In dieser wunderbaren Zeit der Verwandlungen können Kinder erleben, wie die Natur – Gottes Schöpfung – zu neuem Leben erwacht. Es wird wieder warm, das Eis schmilzt, Pflanzen sprießen aus der Erde, Blumen öffnen ihre Knospen, Tiere erwachen aus dem Winterschlaf und Zugvögel kehren zurück, usw. Das lässt sich alles wunderbar in Bewegung umsetzen.

Hier einige Beispiele:

Blumen öffnen ihre Knospen

Natürlich kann jedes einzelne Kind eine Knospe sein, die sich öffnet. Eine sich öffnende Blume kann aber auch von einer Dreier- oder Vierergruppe gespielt werden: Die Kinder könnten z. B. aus dem Fersensitz mit Kreishandfassung zum Kniestand mit Armhochhalte wachsen. Natürlich sind auch andere Ausgangsstellungen möglich, aus denen die Kinder-Blüte herauswächst. Auch mit dem Chiffontuch lässt sich wunderbar eine sich öffnende Knospe darstellen: Alle sitzen einzeln am Boden und haben das Chiffontuch so in den Händen versteckt, dass nichts davon herausschaut. Nun die

Das Korn

Der Bauer sät die Körner aus, sie liegen in der Erde und dann beginnt das Wunder gleich:	Alle Kinder liegen klein zusammengerollt im Kreis am Boden
Du kleines Körnchen - werde!	Etwas bewegen
Ein Keim wächst aus dem Korn heraus, streckt sich der Sonn' entgegen und alle Samen - Korn für Korn - beginnen sich zu regen.	Langsam dehnen, strecken und wachsen
Bald schau'n sie aus der Erde raus, sind noch zerbrechlich klein.	Weiter aufrichten
Sie wachsen langsam hoch hinauf,	Stand
bald wogt das Kornfeld - fein.	Alle wiegen sich hin und her und hin und her
Ein Wunder haben wir erlebt erleben's Jahr für Jahr. Denn das was lebt, es wandelt sich. Ist das nicht wunderbar?	Kreishandfassung. Der Kreis dreht sich.

Karin Schaffner

Hände in Zeitlupe öffnen. Das Chiffontuch quillt hervor und liegt zuletzt wie eine Blüte auf den Händen. Vorsichtig auf den Boden legen und nun können alle auf der Blumenwiese tanzen, aber ohne die Blumen zu zerstören.

Pantomime: Aus einem Ei kommt ein Küken

Die Kinder kauern sich ganz klein zusammen, denn im Ei ist es eng. Sie tasten von innen die Schale ab, klopfen daran, bewegen ihre Köpfchen, Schultern und Rücken – ach ist das eng. Sie wollen raus. Mit den Flügeln (Händen) oder dem Köpfchen versuchen sie ein Loch in die Schale zu drücken. Endlich gelingt es. Bevor sie ausschlüpfen, ruhen sie sich erst noch kurz aus und sammeln neue Kräfte. Dann schlüpfen/klettern/kriechen sie aus dem Loch, was für die Kleinen wieder sehr anstrengend ist. Deshalb liegen sie erst mal erschöpft neben der leeren Schale. Vorsichtig bewegen sie ihre Flügel, dehnen ihre Beinchen, machen wackelig die ersten Schritte und irgendwann können sie fliegen!

Auch Jesus' Einzug auf einem Esel in Jerusalem lässt sich spielen

Die Kinder gehen zu Paaren zusammen. Eines krabbelt in der Bankstellung als Esel vorwärts und trägt das andere Kind als Jesus. Wechseln nicht vergessen.
Die Menschen haben damals gejubelt und sich gefreut, vielleicht sogar getanzt. Wenn die Kinder Tücher bekommen, können diese als „Palmwedel" zum Jubel geschwenkt, freudig hoch geworfen oder als Teppich am Boden ausgebreitet werden. In der Oster- oder Pfingstzeit bietet sich auch ein Gang über den Friedhof an, mit Gesprächen über verstorbene Angehörige und über den christlichen Glauben an die Auferstehung.

In der Kirche.

Erntedankzeit

In der Erntezeit geht es mit den Verwandlungen weiter und wir machen Spaziergänge in die Natur oder auf den Bauernmarkt. Wir ernten aber auch im eigenen Garten. Zur Erntezeit sind bei uns ganz viele schöne Tänze entstanden, die heute zum „Standardprogramm" gehören. Den Erntedankgottesdienst in der Kirche gestaltet der Kindergarten aktiv mit. Es beginnt damit, den schweren, von den Kindern mit Obst und Gemüse gefüllten und geschmückten Bollerwagen gemeinsam den Berg hoch zur Kirche zu ziehen und natürlich wird auch im Gottesdienst nicht nur gedankt, sondern auch getanzt.

Beim Abschlusskonzert

Abschiedsfest der Vorschulkinder

Vor der letzten Übernachtung im Kindergarten mit Räuber- und Gendarmspiel, Zaubereien, Erinnerung, kaltem Büfett, usw. werden die Kinder in der Kirche auch vom Pfarrer verabschiedet , wird für die schöne Zeit im Kindergarten gedankt und für die Schulzeit Gottes Segen erbeten.

Da sich unsere Kinder verwandeln, nämlich vom Kindergarten- in ein Schulkind, spielen wir als Abschluss die Verwandlung einer Raupe in einen Schmetterling und die anwesenden Eltern sind immer tief bewegt, wenn sie ihre Kleinen zuletzt als Schmetterlinge, die die Welt entdecken wollen, davonflattern sehen.

Weihnachten

Natürlich setzen wir auch die Weihnachtgeschichte in Bewegung um.
Man kann sie auch barfuß spielen und erleben:

In Israel sind viele Menschen unterwegs, weil Kaiser Augustus sein Volk zählen will. Alle müssen in die Stadt, in der sie geboren wurden, denn dort werden sie gezählt. Sicher wissen einige Kinder noch nicht, wo sie geboren wurden. Alle erhalten den Auftrag, zu Hause mit den Eltern über ihre Geburt zu sprechen.

Nun sind viele Menschen unterwegs. Große und Kleine, Eltern und Kinder und auch viele ganz alte Menschen. Es gibt noch keine Autos, keine Omnibusse oder Eisenbahnen. Die meisten Menschen sind arm und sind zu Fuß unterwegs:

Alle Kinder gehen kreuz und quer in Kurven umeinander herum.

Manche Kinder freuen sich, ihre Geburtsstadt kennen zu lernen und hüpfen vor Freude:

Vorwärts hüpfen.

Manche Leute haben es unglaublich eilig: Schnell gehen oder rennen.
Manche sind schon müde vom langen Weg. Vielleicht haben sie Blasen an den Füßen und können kaum noch laufen: Langsam gehen, schlurfen oder humpeln.
Wer blind ist, muss von einem Helfer geführt werden: Partnerübung: Ein Kind lässt sich mit geschlossenen Augen vom Partnerkind führen. Wechseln nicht vergessen.
Einige Familien haben einen Esel und das schwächste Familienmitglied darf auf dem Esel reiten. So geht es auch Maria, die müde auf einem Esel sitzt, der von Josef geführt wird. Sicher wissen die Kinder, welches Kind in Marias Bauch wächst und bald auf die Welt kommt: Ein Kind krabbelt in der Bankstellung und trägt das Partnerkind. Wechseln.
Viele haben keine Schuhe und gehen barfuß. Die Füße fühlen die Erde. Sie ertasten steinige Wege, Sand, Wiesen oder Felder. Vielleicht waten sie auch durch kleine Gewässer: Alle gehen über eine bereitgelegte Fußfühlstraße und machen dabei besondere Fußerfahrungen (Beispiele: Wollschal, Schmirgelpapier, Sisalteppichstück, Styroporplatte, Metallplatte, Schaumgummimatte, Pelzstück, Frotteehandtuch). Evtl. lässt sich

Blinde werden geführt.

Viele gehen barfuß.

Unterwegs haben sie viele Begegnungen.

ein Kind mit geschlossenen Augen vom Partnerkind darüber führen.
Die Menschen aus Israel haben unterwegs viele Begegnungen und Erlebnisse, die mit den Füßen im Fußtheater vorgespielt werden können: Ein Betttuch wird so aufgehängt, dass es 20 cm Raum über dem Boden frei lässt. Je zwei Kinder dürfen hinter dem Vorhang mit den Füßen eine zuvor verabredete Begegnung spielen.

Beispiel:
Die Kinderfüße kommen gemeinsam von einer Seite zur Vorhangmitte, fangen dort einen Streit an (stampfen, sich auf die Füße treten, abwenden, usw.), vertragen sich dann wieder (sich mit den Zehen zuwinken, streicheln, usw.) und gehen gemeinsam weiter zum anderen Vorhangende. Unsere Kinder spielen leidenschaftlich gerne Fußtheater.
Inzwischen ist das Kind in Bethlehem geboren und über dem Stall steht ein wunderbarer Stern: Jedes Kind darf aus vielen Kleinmaterialien einen prachtvollen Stern legen. Aber nicht mit den Händen, sondern mit den Füßen! (Joghurtbecher, Korken, Bänder, alte Krawatten, Schuhbendel, Tücher, Säckchen, Rollen, Kugeln, Hölzer, Ringe, Seile, usw.)

Variante:
Alle Kinder bauen gemeinsam einen riesigen, schönen Weihnachtsstern.

Weihnachtsbaum malen

Weihnachtsbaum: Mit den Füßen gemalt von Miriam.

Da alle Kinder sich auf das Weihnachtsfest zu Hause freuen, ist es auch reizvoll, sie mit den Füßen einen Weihnachtsbaum malen zu lassen. Filzstifte eignen sich am besten für die Fußmalerei, da mit ihnen kein starker Druck ausgeübt werden muss.
Hier bietet sich ein Hinweis auf behinderte Mitmenschen und fußmalende Künstler an. Es könnte auch eine Ausstellung folgen: „Mit den Füßen gemalt".
Wenn parallel bei einem Elternabend ebenfalls mit den Füßen gemalt würde, könnten diese Bilder mit ausgestellt werden.

5.2 Natur erleben

Es ist uns wichtig, dass die Kinder Pflanzen und Tiere kennen lernen und ihr Wachsen und Gedeihen erleben, dass sie die Jahreszeiten mit ihren typischen Erscheinungsformen beobachten und Verantwortungsgefühl für die Schöpfung bekommen.
Deshalb sind wir mit den Kindern viel draußen im eigenen Garten, aber auch im nahen Stadtwald oder am „Reichelshof", einem Naturparadies mit Streichelzoo, den die kleine Melike deshalb „Streichelshof" getauft hat.
Wir säen und ernten und besuchen eine Gärtnerei, wo die Kinder beim Pflanzen helfen dürfen. Wir vergleichen die Blätter unserer Bäume, haben ein „Insektenhotel" am „Reichelshof" mit den Kindern gebaut, wo Kleingetier zu beobachten ist und schnuppern in unserem Kräuterbeet. Im Winter lassen wir Schneebälle schmelzen oder heben sie im Kühlschrank bis zum Frühjahr auf und in Sandförmchen lassen wir Wasser gefrieren (Aufhänger gleich mit einfrieren lassen), die wir dann gefroren in die Bäume hängen. Auf einige

Bau eines „Insektenhotels".

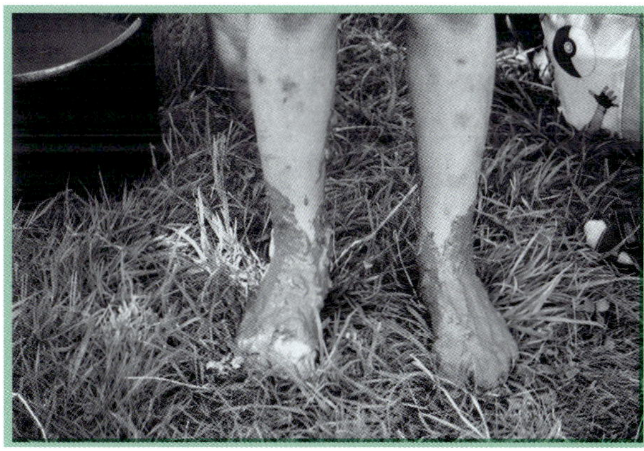

Bei der Herstellung des „Lehm-Mörtels" (Wasser/Erde/Stroh).

Aktivitäten, die uns länger und immer wieder beschäftigen, will ich hier noch genauer eingehen.

5.2.1 Mit Bäumen leben

In unserem Garten wachsen mehrere sehr schöne und alte Bäume: Platane, Kastanie, Blutpflaume, Zwetschke, Linde und Ahorn. Ein Apfelbaum und zwei Tannen mussten leider dem Neubau des Kindergartens weichen. Da es immer wieder Kinder gibt, die mit den Bäumen nicht sorgsam umgehen, ihnen z. B. mit Stöcken Blüten und Blätter abschlagen oder die Rinde abzupfen, besuchen wir die Bäume regelmäßig und beobachten ihre Veränderungen im Jahreslauf, was die Kinder aufmerksamer und sensibler für das Leben der Bäume macht. Wir stellen dabei fest, dass die Bäume ihre Knospen fürs kommende Jahr schon im Herbst bilden und dass die Stämme auf der Wetterseite grün bemoost sind. Wenn es windig oder regnerisch ist, horchen wir mit geschlossenen Augen auf das Rauschen in den Bäumen und im Winter verzieren wir sie mit „gläsern“ wirkenden Eisformen (s. o.). Die Kinder versuchen auch immer wieder, einen Baumstamm zu umarmen – manchmal geht es nur, wenn sich zwei Kinder zusammentun.
Im Frühjahr lernen sie, die Knospen zu unterscheiden. Die des Kastanienbaumes sind dick und klebrig, während die des Apfelbaumes z. B. einen zarten Flaum haben. Alle sind immer neugierig, welcher Baum als erster seine Knospen öffnet.

Der Baum

Geh'und such' dir einen Baum
und streichle ihn ganz zart.
Ist seine Rinde moosig-weich,
rau, rissig oder hart?

Umarme ihn und sprich mit ihm.
Dann wird er es gleich wissen,
dass du ihm gut, dass du ihn magst
und das wird er genießen.

Setz' dich still hin und lehn' dich an,
hör' auf sein leises Raunen.
Rieche den Duft um ihn herum
und lerne wieder Staunen.

Fühle, wie dich das Glück berührt
mit leichter, sanfter Hand.
Fühle, wie zwischen euch entsteht
ein zartes Freundschaftsband.

Karin Schaffner

Auch die Blütenformen sind sehr unterschiedlich. Die Blüten des Kastanienbaumes haben eine Kerzenform. Die Blutpflaume, unser Kletterbaum, hüllt sich jedes Jahr in eine große rosa Wolke.
Ein besonderes Erlebnis ist es auch, unter unserer Linde zu stehen, wenn sie blüht, denn sie verströmt einen betäubend süßen Duft und die Bienen und Hummeln machen ein lautes Summ- und Brummkonzert dazu.
Im Herbst sammeln die Kinder Säcke voll Blätter und kippen sie in die Turnhalle. Das ist die Zeit der „Blätterturnstunden“, die immer viel Spaß machen. Mit Kastanien turnen wir natürlich auch und sie eignen sich zudem gut für ein „Kastanienbad“. Sie müssen allerdings immer gut belüftet werden, sonst fangen sie im Wäschekorb zu schimmeln an.
Natürlich basteln wir auch mit den Früchten, stellen z. B. „Ahorn-Nasenzwicker“ her oder Kastanienfiguren und -ketten.

So leben wir mit unseren Bäumen und freuen uns an ihnen.

1. „Bunte Herbstblätter" aus „Bei den Seeräubern und andere spannende Turnstunden", Schaffner, Pohl-Verlag.
2. „Spielen und üben mit Herbstblättern" aus „Die schönsten Turnstunden", Schaffner, Pohl-Verlag.
3. „Vielfältige Wahrnehmungsschulung mit Kastanien" aus „Die schönsten Turnstunden", Schaffner, Pohl-Verlag.

5.2.2 Die Wiese

Die Jahreszeiten verändern nicht nur die Bäume, auch die Wiese eignet sich zur Beobachtung. Wir hatten immer schon Wiese um den Kindergarten herum, aber auch am Reichelshof, wo wir dauerhaft Naturprojektarbeit machen, gibt es vieles auf der Wiese zu beobachten.
Ein Einstieg in das Thema war nie schwer zu finden: Die Kinder pflücken Blumen, nach deren Namen sie fragen oder die sie manchmal achtlos wegwerfen, sie benutzen Gras oder Blüten beim „Kochen" und zum Verzieren. Das Gras färbt Knie oder Kleidung grün, an kahlen Stellen muss Gras nach gesät werden oder wir versuchen auf Grashalmen zu pfeifen – kurz, es gibt viele Einstiegsmöglichkeiten in das Thema. Mit den Kindern zusammen werden Ideen gesammelt, die Eltern werden eingebunden und schon kann es losgehen:

Die Wiese hören, riechen und fühlen.

Leg dich ins Gras und träume

Leg dich ins Gras,
schau den Wolken zu
und fühle in dir
eine ganz große Ruh.

Sieh, wie die Wolken still am Himmel ziehn,
wie Schlange wird, was grad noch Schäfchen schien.
Vielleicht siehst du auch einen Traumbaum stehn,
oder die Sonnenmaus vorübergehn.

Leg dich ins Gras,
schau hoch und träum dir was.

Leg dich ins Gras,
riech um dich immerzu
und fühle in dir
eine ganz große Ruh.

Riech den betäubend feinen Blütenduft.
Vielleicht schwebt mädesüßes in der Luft?
Vielleicht riecht Glockenblume, Salbei, Klee?
Füll Herz und Seele dir, Kopf, Bauch und Zeh.

Leg dich ins Gras,
riech hin und träum dir was.

Leg dich ins Gras,
hör den Insekten zu
und fühle in dir
eine ganz große Ruh.

Horch, wie die Biene eifrig sirrt und summt,
die Hummel mit ihr um die Wette brummt
und wie die Grillenzirpkonzerte klingen,
die Feen dir leise Wiesenlieder singen.

Leg dich ins Gras,
hör zu und träum dir was.

Leg dich ins Gras,
fühl im Herzen die Ruh.
Dann weißt du genau,
du gehörst mit dazu.

Karin Schaffner

Aus Gras wird Heu.

Im Gespräch mit den Kindern wird überlegt, wie eine Wiese aussieht, was dort wächst und welche Tiere dort leben. Mit je einem Reifen gehen die Kinder auf die Wiese, suchen sich eine schöne Stelle und legen ihren Reifen darauf. Nun hat jedes Kind „sein“ Rasenstück und kann dort eine bestimmte Zeit ungestört beobachten, was dort wächst und lebt (5–10 min). Vielleicht gibt es knospende oder blühende Gänseblümchen, vielleicht macht sich ein Löwenzahn breit, vielleicht liegen vermodernde Blätter eines nahe stehenden Baumes darauf oder Käfer und Ameisen krabbeln vorbei? Danach beschreiben und malen die Kinder ihr Rasenstück.
Zu den Kinderbildern in der Ausstellung passt „Das große Rasenstück“ von Dürer (als Poster oder Postkarte im Kunsthandel erhältlich), das mit den Kindern zuvor ausgiebig betrachtet werden kann. Da unsere Kinder im Garten viel barfuß laufen, haben sie nicht nur gesunde, sondern auch sehr sensible Füße, die wissen, wie sich die Wiese anfühlt. Vielleicht haben die Füße Lust, auch ein Wiesenbild zu malen?
Ein besonderes Erlebnis ist immer wieder der Ausflug auf eine große Wiese. Das Pflanzenbestimmungsbuch und Lupen sollten aber unbedingt dabei sein, damit Formen und Farben genau betrachtet und z. B. Blumen, die die Kinder kennen lernen wollen, bestimmt werden können. Wenn die Kinder die Aufgabe bekommen, 5 verschiedene Pflanzen zu suchen, gibt es anschließend viel zu vergleichen, denn die Pflanzen sehen nicht nur verschieden aus, sie riechen auch unterschiedlich.
Spannend ist auch die Beobachtung der Wiesen-Insekten, denn sie leben, fliegen und krabbeln sehr unterschiedlich und haben die unterschiedlichsten Ziele. Es macht sicher viel Spaß, sie nachzuahmen. Zu beobachten sind evtl. Schmetterlinge, Käfer, Fliegen,

Kamille sammeln

Spinnen, Schnecken, Heuhüpfer, usw. Dazu passen auch unser Löwenzahn- , Bienen- und Mäusetanz.
Damit die Wiese mit allen Sinnen erfahren werden kann, legen sich alle ins Gras, beobachten eine Weile die Wolken, horchen – möglichst mit geschlossenen Augen – auf Geräusche und erschnuppern Wiesendüfte.
Sehr lebhaft geht es zu, wenn die Kinder versuchen, mit einem langen Grashalm andere zu kitzeln, selbst aber nicht gekitzelt zu werden. Wenn am Reichelshof die Wiese gemäht wird, können die Kinder riechen und erleben, wie aus Gras Heu wird. Dort werden zum Trocknen des Grases noch Heuhaufen aufgetürmt. Gras und Heu sind Tierfutter und können von den Kindern im Streichelzoo verfüttert werden. Wenn wir die Gelegenheit haben Kamillen oder Hagebutten mitzunehmen, gibt es im Kindergarten entsprechende Tees.
Manche Menschen sind allergisch gegen blühende Wiesen oder Heu. Sie bekommen Heuschnupfen. Andere wiederum genießen die entspannende Wirkung eines Heublumenbades oder träumen nachts auf einem duftenden Heukissen. Sicher wissen die Kinder schon einiges darüber oder kennen Betroffene.
Manchmal begegnet uns auch ein toter Vogel oder eine tote Maus und es ergeben sich nachdenkliche Gespräche, denn die Kinder machen sich Gedanken über den Tod und das Weiterleben. Etliche dieser Tiere haben ein richtiges Begräbnis bekommen und ein schön geschmücktes Grab.

Wir tanzen jedes Jahr zur Frühlingsmusik von Vivaldi in den Frühling, und ich staune immer wieder, wie begeistert und ausdauernd die Kinder dabei sind. Wenn sie diese Musik dann zufällig zu Hause oder im Autoradio hören, sind sie wie elektrisiert, berichten die Eltern. Die Musik heißt „Die vier Jahreszeiten" Auch mit Musikinstrumenten (Orff - oder selbst gebastelten -) kann das Thema „Wiese" wunderbar dargestellt werden, wenn wir z. B. einen „musikalischen Wiesenstrauß" pflücken oder das Werden und Vergehen einer Blume spielen. Klar, dass auch eine Wiesenturnstunde stattfindet. Doch nun zu den Eltern.
Elternabende mit dem Motto „Gesunde Ernährung" sind bei uns „Dauerbrenner". Warum nicht einmal Wildkräuter in den Mittelpunkt des Abends stellen? Schon das Sammeln der Kräuter ist eine schöne gemeinsame Aktion. Dann wird der Salat gemeinsam zubereitet und verspeist. Die Pflanzen müssen jung sein, da sie später zu viele Bitterstoffe enthalten.
Es eignen sich Löwenzahn, Sauerampfer, Breit- und Spitzwegerich, Brunnenkresse und - nicht nur zur Dekoration - die Blüten des Gänseblümchens. Es muss aber nicht unbedingt Salat sein, auch Wildkräuterquiche oder -pfannkuchen schmecken wunderbar. Als Auftakt könnte es eine Brennnessel- oder Sauerampfersuppe geben - mmmm! (Rezepte sind im Fachbuchhandel erhältlich).
Vielleicht wollen die Eltern ein eigenes kleines Rezeptbuch herausgeben und am Sommerfest verkaufen? Unsere Kinder sind übrigens ganz scharf auf Sauerampfer, der bei uns im Kräuterbeet wächst und immer wieder ratzeputz weggefuttert wird.
Falls es einen Kneipp-Verein in der Nähe gibt, könnte ein(e) Vertreter(in) des Vereins ein Referat beim Elternabend halten. Anschließend könnten Eltern und Kinder den Verein auf seinem Gelände besuchen und dort ausgiebig kneippen. Der Verein wird es als Werbung betrachten und sicher gerne mitmachen. Unsere Eltern haben auch mit viel Spaß nach Sprichwörtern gesucht, die etwas mit Gras/Wiese/Pflanzen/Kräutern zu tun haben und sie pantomimisch dargestellt.

Beispiele:

Gras über etwas wachsen lassen
Das Gras wachsen hören
Jemand hat ins Gras gebissen
Sich das Gras von unten ansehen
Dagegen ist kein Kraut gewachsen
Unkraut vergeht nicht
Jemand ist ein zartes Pflänzchen

Wenn der Elternbeirat für Eltern und Großeltern mit ihren Kindern eine gemeinsame Wanderung oder Radtour mit Picknick ins Grüne organisiert, können neue Freundschaften entstehen - nicht nur zwischen Kindern. Alle hätten sich ausgiebig bewegt und mit allen Sinnen ein Stück unserer schönen, erhaltenswerten Welt erlebt.
Vielleicht hat eine Oma oder ein Opa Lust, den Kindern in Fortsetzungen die Geschichte von den „Opodeldoks" von dem bekannten Schweinfurter Paul Maar vorzulesen. Sie handelt von den Erlebnissen eines „Grasländers", der mutig die von den Eltern gesetz-

Die Mäuse aus dem Wiesental

Text	Bewegung
Der Tag erwacht, die Sonne scheint	Rücken streicheln, dann Sonne malen
und schickt die Strahlen runter,	
die Mäuse aus dem Wiesental,	Alle Finger laufen kreuz und quer
die werden langsam munter.	
Die Wiese ist warm und die Wiese ist weich,	Rücken streicheln
die Katze ist fort und sie huschen zum Teich.	Alle Finger laufen kreuz und quer
Sie plantschen im Wasser und spritzen sich nass	Beidhändig im Wechsel den Rücken abklopfen
und haben dabei einen Riesenspaß!	
Dann geht's auf die warme Wiese zurück,	Alle Finger laufen kreuz und quer
die Mäuse kuscheln und fühlen Glück.	Rücken streicheln
Sie haben keine Eile	
und streicheln sich ne Weile.	
Genug geschmust, schnell durchgefasst	Schlangenlinien malen
zur großen Mäuseschlange.	
Sie schlängeln durch die Wiese sich –	
das spielen sie sehr lange.	
Musik ertönt, es spielen schon	Beidhändig im Wechsel den Rücken abklopfen
die Mäusemusikanten.	
Die Trommel schlägt Klein-Mäuserich,	
es singen seine Tanten.	
Die Kleinen tanzen Ringelreihn.	Ununterbrochen einen oder mehrere Kreise malen
Sie drehen sich zu zwei'n, zu drei'n	
und andre, große Nette,	Mehrmals mit allen Fingern von
die rennen um die Wette:	der Taille nach oben laufen
Auf die Plätze, fertig, los!	
Zwei Freunde liegen faul im Moos.	Beide Hände liegen still
Der eine sagt: „Ich langweil' mich",	Die eine Hand wippt
der andre sagt: „Ich kitzel dich"!	Die andre Hand wippt
Nun quietscht's und lacht's und zappelt's sehr	Überall kitzeln
und einer ruft: „Ich kann nicht mehr!"	
Die Wiese ist warm und die Wiese ist weich,	Rücken streicheln
es quaken die Frösche im nahen Teich.	
Es zirpen die Grillen, ein Bienchen summsummt	
und in der Ferne ein Auto brummt.	
Zuletzt erscheint die Katze doch	Alle Finger laufen schnell über den Rücken
und – husch – sind sie im Mauseloch!	und verschwinden unter den Achseln

ten engen Landesgrenzen überwindet und ganz neue Erfahrungen mit den „Waldländern“ macht. Die Geschichte ist nicht nur schön, sie ist auch unglaublich aufregend.

Unsere Kinder lieben es immer wieder, wenn wir ihnen Geschichten auf den Rücken erzählen. Eine ihrer Lieblingsgeschichten heißt „Die Mäuse aus dem Wiesental“,aus *„Auf deinem Rücken tut sich was“, Schaffner, Pohl-Verlag:*

5.2.3 Unsere Pflanzenausstellung

Jedes Jahr im Frühjahr und im Herbst läuft die Ausstellung „Unsere Blumen/Bäume und Pflanzen im Kindergarten“. Von allem, was im Garten blüht, bzw. Früchte trägt, wird ein Exemplar in kleinen Vasen ausgestellt und auf kleinen Schildchen davor stehen die Namen der Pflanzen. Die Vasen kleben wir mit doppelseitigem Klebeband am Boden fest, damit sie nicht umkippen können.
Zum Nachschlagen und -lesen steht das Pflanzenbuch „Was blüht denn da?“ daneben. Diese halbjährlichen Ausstellungen im Foyer werden bei uns viel beachtet und sehr geschätzt. Immer wieder stehen Eltern mit ihren Kindern davor, lesen die Namen der Pflanzen und sprechen darüber. Die meisten Kinder kennen heute mehr Auto- als Pflanzennamen und vielen Eltern geht es nicht viel anders.
Unser Anliegen ist, mit dieser Ausstellung beider Aufmerksamkeit auf unsere Kindergarten-Pflanzen zu lenken. Diese Pflanzen begegnen ihnen vielleicht auch anderswo und erregen dann ihre Aufmerksamkeit.
Wir wollen ihnen aber auch die Möglichkeit bieten, durch Betrachtung, durch eigenes oder gemeinsames Suchen und Nachschlagen im Buch, Neues zu entdecken und daran Freude zu finden.

5.2.4 14 Tage Waldleben

In Schweinfurt gibt es eine großartige Einrichtung: Die „Stadtranderholung“. Alle Kindergärten der Stadt verbringen jedes Jahr mit ihren Vorschulkindern 14 Tage im nahen Stadtwald, in dem es auch viele Wiesen gibt. Lange bevor es die ersten Waldkindergärten gab, tummelten sich die Schweinfurter Kinder schon - erst drei Wochen lang, später leider auf zwei Wochen gekürzt - von früh bis spät im Wald. Früh holt uns ein städtischer Bus ab und bringt uns am Abend wieder zurück. Stützpunkte sind die Naherholungsstätten der verschiede-

Buschtrommeln

Beim bauen von „Baumhütten“. Gefundenes wird verwendet.

Wir bauen einen Versammlungsraum.

nen Wohlfahrtsverbände. Der einmal vereinbarte Termin wird bei jedem Wetter beibehalten. Unser Kindergarten ist im Mai an der Reihe. Wir erkunden den Wald, beobachten Pflanzen und Tiere, bauen Baumhäuser und Staudämme, besuchen Spielplätze oder machen Wanderungen.
Es ist für die Kinder eine unvergesslich schöne Zeit und für die Vorschulkinder Höhepunkt und Abschluss des Kindergartenlebens. Danach kommt nur noch die Übernachtung im Kindergarten mit einem tollen Programm und viel Bewegung.

5.3 Sinnvoll spielen

Die Entwicklung des Kindes ist ein ganzheitlicher Prozess und schließt alle sinnlichen Erfahrungen mit ein. Wahrnehmung ist das Aufnehmen und Verarbeiten durch die verschiedenen Sinne. Das Kind lernt zu unterscheiden, zuzuordnen und zu deuten und lernt so seine Umwelt zu begreifen. Normalerweise sind immer mehrere Sinne gleichzeitig aktiv. Es macht den Kindern aber viel Spaß, sich im Spiel auf einen Sinn zu konzentrieren und ganz intensive Erfahrungen zu machen, was wir den Kindern sehr gerne ermöglichen. Hier sind einige Beispiele:

5.3.1 Sinnes-, Körper- und Raumerfahrungen

Körperteilbegrüßung

Alle bewegen sich zur Musik vor-, rück- oder seitwärts. Mit Musikstopp ruft die Leiterin oder ein Kind einen Körperteil auf (Zeigefinger, Schulter, Kopf, Hüfte, Po, usw.) und die aufgerufenen Körperteile begrüßen sich durch Reiben, Antippen, usw. Die Kinder denken sich immer neue Berührungsarten aus.

Menschenmaschine

Die Kinder bauen sich in verschiedenen Ausgangspositionen so aneinander, dass die ganze Gruppe Körperkontakt hat. Alle denken sich (für sich) eine Bewegung und ein Geräusch aus. Der Kontakt zu den anderen Kindern darf dabei aber nicht gelöst werden. Auf ein Signal wird die Maschine eingestellt und alle bewegen sich zu ihrem Geräusch. Eine tolle Maschine!!!!

Gefahr!!!

Bewegen zur Musik. Auf ein Signal bringen sich alle in Sicherheit - unter Tischen und Bänken, auf Sprossenwänden oder hinter Vorhängen, einige machen sich vielleicht klein oder rotten sich mit anderen zur Gruppe zusammen, um gemeinsam stark zu sein, usw.

Kalt/Warm

Den kältesten oder wärmsten Gegenstand im Raum suchen und anschließend die gemachten Erfahrungen austauschen.

Krachmacher

Die Klangqualitäten der umgebenden Dinge erforschen, z. B. Schubfächer auf und zu machen, in der Legokiste wühlen, ein Papier zerreißen, usw./Zusatzaufgabe: So viel Lärm wie möglich dabei machen.

Zeitlupe

Zu ruhiger Musik aus der Rückenlage in Zeitlupe zum Stand kommen und sich im Stand am Ort weiterbewegen - aber wirklich gaaanz langsam. Bei Musikstopp in der Bewegung erstarren und die „komischen" Figuren betrachten.

5.3.2 Sinnes- und Bewegungsspiele zum Selbermachen

Es gibt heute wunderbare - meist sehr teure - Spiele zu kaufen. Wir haben uns anfangs alle Spiele selbst gebastelt, weil wir damals - 1985 - das Geld zum Kauf nicht hatten und auch die Auswahl an Sinnesspielen noch nicht sehr groß war. Die Spiele kamen in den Gruppen oder im Garten zum Einsatz, ab und zu bauten wir aber auch im Turnraum spezielle Sinnesstationen auf und die Kinder konnten in der Freispielzeit - wie beim Stationsbetrieb im Sport - zu Paaren die Stationen besuchen. Hier eine Auswahl der selbstgebastelten Geräte/Spiele:

Ballvarianten

Ball am Tau

Ein Ball, möglichst größer und schwerer als ein Gymnastikball, kommt in einen Stoff-Einkaufsbeutel, wird oben straff abgebunden und an einem Tau befestigt. Der Abstand des Balles zum Boden beträgt etwa 40 cm. Der Ball muss schwingen können, ohne irgendwo anzustoßen. Sollten sie im Garten einen Baum mit stabilem, waagerechten Ast haben, dann bringen sie das Tau dort an. Denken sie auch daran, den Boden mit Sand oder Rindenmulch abzusichern. Schon haben sie ein vielseitigeres, Phantasie anregenderes Spielgerät mit geringerem Verletzungsrisiko als eine Schaukel. Die Kinder können im Sitz oder Stand schaukeln, schwingen oder baumeln, können sich zu Zweien - mit Abstand gegenüberstehend - den Ball zuschwingen, oder - wenn das Tau mehrmals um den Ast gewickelt ist - gegen den Ball boxen.

Schleuderball

Um einen alten Tennisball wird ein bunter, 50 x 50 cm großer Stoff gespannt und an einem Ende straff verknotet. Der weghängende Stoff wird in schmale Flatterstreifen geschnitten. Nun fehlt noch die 20 cm lange Schlaufe, die an der Verknotung befestigt wird. Dann kann der Schleuderball fliegen und die bunten Streifen lustig hinterherflattern.

Wutball

Für einen Ball werden 3-4 bunte Luftballons und feiner Vogelsand aus der Tierhandlung gebraucht. Den ersten Luftballon so gut mit Sand füllen, bis er gut in eine Hand passt (Durchmesser ca. 8 cm) und dann das Mundstück abschneiden. Den zweiten Luftballon dehnen und so über den Ball stülpen, dass die Öffnungen nicht an derselben Stelle liegen. Wieder das Mundstück abschneiden und mit dem dritten und vierten Luftballon ebenso verfahren. Nun kann der Ball geworfen oder die ganze Wut hinweg geknetet werden.

Ungewöhnliche Luftballons

Wasserballon

Zwei Luftballons so ineinander stecken, dass die Mundstücke beide erreichbar bleiben. In den inneren Luftballon Wasser füllen, bis er gerade beginnt sich zu dehnen. Dann wird das Mundstück verknotet. Nun den äußeren Luftballon normal aufblasen und ebenfalls verknoten. Dieser Wasserballon macht Kindern einen riesigen Spaß. Er ist kaum zu fangen!

Rasselballon

In einen Luftballon wird mittels Trichter eine kleine Menge Reis gefüllt, dann wird er aufgeblasen und verknotet. Vom sonst so leisen Luftballon ist nun jede Bewegung zu hören, weshalb er sich auch vortrefflich für „Hör“spiele eignet.

Schneeball-Atemspiel

Auf eine feste Karton- oder Sperrholz-Unterlage (20 x 20 cm) wird eine 12 cm lange Röhre von ca. 8 cm Durchmesser geklebt. Die Röhre wird von den Kindern winterlich verziert (auf dunkleren Grund lauter weiße Schneeflocken tupfen oder einen Schneemann aufmalen oder kleben, usw.). Vor die Röhre wird ein kleiner, ca. 3 cm hoher Dosendeckel von ca. 6 cm Durchmesser geklebt, in dem die „Schneebälle" lagern - kleine, leichte Kugeln von 1 cm Durchmesser die der Schneemann gerne haben möchte. Mit dem Strohhalm wird nun ein Schneeball nach dem anderen angesaugt und von dem kleinen Behälter in den großen Schnee(mann)-Behälter transportiert.

Schneeball-Atemspiel

Tastspiel

Auf eine große Sperrholzplatte (ca. 40 x 30 cm) werden viele verschiedene Kleinmaterialien dicht aneinander geklebt. Von jedem geklebten Teil wird ein Zwillingsteil gebraucht und kommt in eine extra Dose (Samt, Leder, Fell, Wollstoff, Frottee, Schmirgelpapier, Wellpappe, Schwamm, Muscheln, Korken, Kronkorken, Knöpfe, usw.). Ein Kind - mit verbundenen Augen - bekommt vom Partnerkind ein Teil aus der Dose in die Hände, sucht und erfühlt es anschließend auf dem davor liegenden Tastbild.

Tastspiel

Tastmemory

20 Dosendeckel werden zu Paaren sortiert und viele verschiedene Materialien (siehe Tastspiel) werden so zugeschnitten, dass sie passend in die Deckel geklebt werden können. Immer zwei Deckel werden gleich beklebt.
Die Deckel liegen gemischt - mit den Materialien nach unten - auf dem Tisch/Boden. Ein Kind nimmt einen Deckel, ertastet - ohne zu schauen - das Material und sucht dann mit der freien Hand so lange unter den anderen Deckeln, bis es glaubt das Zwillingsteil gefunden zu haben. Dann wird überprüft und anschließend kommt das nächs-

te Kind an die Reihe. Die Kinder sollen sich ganz druckfrei und entspannt ihren Tasterfahrungen hingeben.

Tastmemory

Fühlsack

In einen kleinen Sack werden verschiedene - den Kindern vertraute - Dinge gesteckt: Malstift, Filzstift, Kugelschreiber, Pinsel, Kamm, Bürste, Löffel, Schlüssel, Kerze, Murmel, Spielauto, kleiner Ball, Legostein, Kassette, Wäscheklammer, Korken, unaufgeblasener Luftballon, Becher, ein Stück Fell, Muschel, Schneckenhaus, Kastanie, usw.
Ein Kind greift in den Sack, ertastet einen Gegenstand, nennt dessen Namen und holt ihn erst dann hervor. Nicht erkannte Teile kommen zurück in den Sack

Geräuschmemory

Fühlsack

und werden sicher beim nächsten Mal richtig ertastet. Dann kommt das nächste Kind an die Reihe.

Geräuschmemory

20 leere Streichholzschachteln werden auf der Oberseite alle gleich beklebt, damit klar ist, wo „oben" ist. Sonst rollen die Kleinmaterialien nach kurzer Zeit im Zimmer herum, wenn die Kinder nachsehen wollen, ob sie richtig geraten haben. Immer zwei Schachteln werden völlig gleich bestückt, z. B. mit je drei kleinen Murmeln. Geeignete kleine Gegenstände sind Knöpfe, Nägel, Schrauben, Büroklammern, Cent-Stücke, Murmeln, Steinchen, Erbsen, Bohnen, Linsen, usw.

Die Schachteln liegen gemischt auf dem Tisch/Boden. Ein Kind nimmt eine Schachtel, rasselt mit ihr und versucht durch „Rasselvergleiche" die Zwillingsschachtel zu finden. Dann ist das nächste Kind an der Reihe. Da die anderen Kinder (schweigend!!!) mithören können, ist dieses Suchen und Vergleichen auch für sie sehr spannend.
Natürlich können statt der Streichholzschachteln auch Filmdöschen verwendet werden. Wir sind aber reumütig zu den Streichholzschachteln zurückgekehrt, weil die Filmdöschen nur schwer und ruckartig zu öffnen sind und fast jedes Mal alle Kleinmaterialien am Boden herumkullerten. Auch als wir die zusammengehörigen Döschen an der Unterseite farblich markierten, wollten die Kinder sie trotzdem öffnen. Sie wollen nach dem HÖREN auch SEHEN, was sich wie anhört.

Tunnelblick

Das eine Ende einer leeren Klorolle wird mit schwarzem Papier zugeklebt, in das ein kleines Guckloch geschnitten ist. Bei mehreren Rollen können die Gucklöcher verschieden groß sein, was unterschiedliche Seherfahrungen ermöglicht. Je kleiner das Guckloch, desto eingeschränkter das Blickfeld. Die Kinder schauen in das offene Ende der Rolle und betrachten sich gegenseitig oder den Raum. Hier bieten sich Gespräche über Sehbehinderung an.

Farbenbrille/Lupe

Aus dünnem Karton wird ein Brillengestell/Lupe ausgeschnitten und die „Gläser" werden aus farbigem Transparentpapier zugeschnitten und eingeklebt. Mehrere Brillen/Lupen können mit verschiedenen Farben beklebt werden und schon kann die Welt rosarot, sonnengelb, himmelblau oder auch grau in grau aussehen.

Spiegelkabinett

An einem Reifen wird das schmale Ende eines Bettlakens angenäht und das ganze – wie eine Umkleidekabine – mit Seilen an der Decke befestigt. Die Spiegelfolie wird innen rundherum an das Bettlaken geklebt. Wer will kann den oberen Seilbereich ebenfalls mit Tuch verhängen. Fertig ist das Spiegelkabinett.

Spiegelkabinett

Riechspiel

Riech-Spiel

Fünf bis zehn undurchsichtige Plastikampullen, Fläschchen oder Döschen werden zur Hälfte mit lauter verschiedenen Küchengewürzen gefüllt: Pfefferminze, Thymian, Fenchel, Vanille, Curry, Rosmarin, Nelken, Kaffee, usw. Nur aus einem kommt kein Küchen- sondern ein Badezimmerduft, z. B. durch ein zerkrümeltes, nach Parfüm duftendes Seifenstück. Das sollen die Kinder herausfinden/-schnuppern.

5.3.3 Einfache Sinnesspiele, die weder gebastelt werden müssen, noch etwas kosten

Freund/Freundin suchen

Ein Kind geht vor die Tür und im Gruppenraum versteckt sich inzwischen der Freund/die Freundin und singt ununterbrochen leise vor sich hin. Das hereingerufene Kind versucht durch genaues Hinhören das versteckte Kind zu finden. Natürlich kann im Versteck auch mit einem Instrument gespielt, geklopft oder gerasselt werden. Oder, wenn eine Spieluhr vorhanden ist, kann diese im Versteck eingeschaltet werden.

Geräuscheraten

Die Kinder sitzen oder liegen mit geschlossenen Augen und horchen, welche drei bis fünf Geräusche die Leiterin nach und nach macht: Klappern mit der Schere , Auswringen eines Lappens, Zerreißen eines Papiers, Wühlen in der Legokiste, Öffnen und Schließen eines Fensters, Ein- und Ausschalten einer Spieluhr, usw. Zuletzt öffnen die Kinder die Augen und berichten. Wer hat was gehört???

5.4 Spiele ohne Verlierer

Spiele ohne Verlierer sind Spiele, in denen alle gemeinsam die Gewinner sind. Gewinner in einem höheren menschlichen Sinn.
Von den Kindern wird später erwartet, dass sie global, sozial und kreativ denken und fähig sind kooperativ zu handeln. Die üblichen „Auslesespiele" bereiten darauf gewiss nicht gut vor. Viel wichtiger für ein sinnerfülltes Leben ist die Erfahrung, die Welt verändern und gemeinsam gestalten zu können. Wenn Konkurrenzdenken, Rivalität und Aggression ausgeschaltet sind, kann Vertrauen entstehen - eine Voraussetzung für Kreativität und Phantasie - und die Freude am Lernen bleibt erhalten.
Während der Entwicklung ihrer Persönlichkeit brauchen Kinder viele positive, lustvolle Erlebnisse und Erfahrungen, damit sie Zutrauen in ihre Fähigkeiten und ein positives Selbstbild entwickeln können. Wir finden es deshalb wichtig, eine Atmosphäre zu schaffen, in der Vertrauen und Lebensfreude herrschen, in der Kinder miteinander, und nicht gegeneinander spielen können. Eine Atmosphäre, in der Kinder sich zu fröhlichen, ausgeglichenen, sozialen und selbstbewussten Menschen entwickeln können - möglichst frei von Vermeidungshaltungen. Damit unsere Kinder ihre Lust und Freude am Lernen, Entdecken, Experimentieren und Probieren behalten, haben wir Spiele, die Konkurrenzverhalten und Rivalität fördern, aus unserem Kindergartenalltag verbannt.

Wie haben die Kinder auf diese Veränderungen reagiert?

Sichtlich erleichtert waren die Kinder, die eher auf der „Verliererseite" waren und zum Teil schon „Vermeidungshaltungen" gegenüber solchen Spielen zeigten. Enttäuscht waren - zumindest anfangs - nur die meist erfolgreichen Kinder. Da unsere neuen oder veränderten Spiele viel Spaß machten, waren sie auch schnell akzeptiert.
Es hört sich paradox an, aber gerade ganz ohne Leistungsdruck entwickelten nun alle Kinder - auch die „Schwächeren" - eine enorme Lust auf Leistung und verbesserten ihre Kompetenzen in kaum erwarteter Weise. Heute ist wissenschaftlich nachgewiesen, wie sehr Verliererängste oder -situationen ein Kind blockieren und in Vermeidungshaltungen führen können.

5.4.1 Wir veränder(te)n mit den Kindern die Regeln

Da bei Tischspielen inzwischen viele neue Spiele auf dem Markt sind, in denen der kreative oder soziale Aspekt im Vordergrund steht, hätten wir die „alten" Spiele einfach nur austauschen brauchen. Die Idee, bei den „alten" Spielen die Regeln zu ändern - gemeinsam mit den Kindern diese neue Erfahrung zu machen - siegte. Die Erfahrung Einfluss auf Regeln nehmen zu können, nicht alles hinnehmen zu müssen, selbst etwas verändern zu können, ist eine Erfahrung fürs Leben.

Beispiel „Tischspiele“:

Memory

Früher:
Wenn wir ErzieherInnen uns zum Memoryspielen an einen Tisch setzten und auch schon wussten, welche Kinder wir damit besonders fördern müssten, machten wir immer wieder die Erfahrung, das genau diese Kinder im Nu verschwunden waren. Gerannt kamen die Kinder, die von sich wussten, dass sie immer die höchsten Karten-Häufchen sammelten.
Die üblichen Regeln beim Memory sind gerade für die schwächeren Kinder extrem ungünstig. Während die „Häufchensammler“ ihre Kompetenzen immer weiter verbessern können, wird der Abstand zwischen diesen beiden Gruppen immer größer. Die negativen Auswirkungen auf beide Gruppen kann man sich gut vorstellen.

Heute:
Wir änderten zwei Regeln:

- Wer ein Kartenpaar fand, durfte bisher so lange weiterspielen, bis er/sie einmal daneben griff. Nun darf jedes Kind immer nur ein Paar umdrehen, dann kommt das nächste Kind an die Reihe.
- Bisher stapelte jedes Kind die von ihm gefundenen Paare zu Häufchen, deren Höhe zuletzt verglichen wurde. Nun ist unser GEMEINSAMES ZIEL, alle Paare zu finden. Alle gefundenen Paare landeten anfangs in einer selbstgebastelten Kiste mit Schlitz. Wer Lust hatte, konnte die Kiste schütteln: „Eene, meene, miste, es rappelt in der Kiste“. Je nach Füllung hörte sich das ganz unterschiedlich an. Heute genügt der Spielschachtel-Deckel zum Sammeln oder es wird ein gemeinsamer Riesenhaufen gestapelt.

Die auffälligsten Veränderungen waren der kontinuierliche Abbau von Vermeidungshaltungen und die Entwicklung eines viel sozialeren Miteinanders beim Spiel, statt „Siegergehabe“.

Mensch ärgere dich nicht

Früher:
Es ist selbst für Erwachsene oft noch ein „Drama“, wenn sie kurz vor dem Ziel heraus geworfen werden. Wie viel schwerer ist dies erst für Kinder zu verkraften und deshalb gab es viele „Spielabbrecher“.

Heute:
Wir haben nur eine Regel verändert und schon war dieses Problem gelöst:
Es wird gleichzeitig mit zwei Würfeln gespielt – einem Punkte- und einem Farbenwürfel. Wenn ein Kind z. B. eine „Zwei“ und „Rot“ gewürfelt hat, zieht es mit einem roten Stein zwei Felder vor. Wenn das nächste Kind zufällig ebenfalls „Rot“ und, sagen wir, „Fünf“ würfelt, setzt es ebenfalls einen roten Stein fünf Felder vor.

Es spielen also die Farben gegeneinander und nicht die Kinder!
Wenn zuletzt z. B. die Farbe „Gelb" gewinnt (oder eine andere), sind alle Kinder sich einig, dass sie zu der Gewinnerfarbe gehören, in diesem Fall also zu Gelb: „Ich war Gelb!" – „Ich auch!"
Gelb hatte Glück und wir waren alle Gelb. Welche Farbe wohl das nächste Mal gewinnt?

Beispiel „Hallenspiel"

Jägerball

Früher:
Der „Jäger" warf mit dem Gymnastikball die flüchtenden „Hasen" ab, die sich getroffen auf den Boden setzten oder legten. Der Jäger kannte meist schon die langsamen, schwächeren Hasen und sie waren schnell getroffen und am Boden. Dort saßen sie dann, langweilten sich und wurden immer kälter, während die flinken Hasen noch flinker und die geschickten Hasen noch geschickter im Ausweichen wurden. Die Auswirkungen auf das Selbstwertgefühl sind die gleichen wie beim Memory, s. o. Hier können aber noch erhebliche gesundheitliche Defizite (Herz/Kreislauf, Atmung, Stoffwechsel, Immunsystem, Bewegungsapparat, usw.) hinzukommen, wenn das Kind die Lust an der Bewegung verliert und eine Vermeidungshaltung entwickelt, mit der sich spätere Sportlehrer vergebens abmühen. Etliche Kinder – meist Mädchen – haben aber auch Angst, vom Gymnastikball zu hart getroffen zu werden und meiden deshalb solche Spiele, wann immer es geht.

Heute:
Die erste Neuerung war deshalb ein Softball, der niemandem weh tut. Der Vorschlag kam von den Kindern, als sie Softbälle kennen lernten, die wir eigentlich für Flur-Spiele angeschafft hatten.
Ich schlug den Namen „Zauberball" für das Spiel vor, weil inzwischen Zauberer die getroffenen Hasen wieder erlösen/befreien könnten. Die Kinder hatten viele Ideen, wie die „Befreiung" aussehen könnte. Hier einige Beispiele, die wir bis heute spielen:

- Wer getroffen ist, geht in die Bauchlage, alle freien Hasen können ihn/sie befreien indem sie darüber steigen/springen.
- Wer getroffen ist, geht in den Grätschstand, alle freien Hasen können ihn/sie befreien, indem sie durch die Grätsche krabbeln.
- Wer getroffen ist, geht in die Bankstellung und kann von einem extra zu benennenden Zauberer durch einen Klapps auf den Po befreit werden.

5.4.2 Wir erfanden/erfinden neue, schnelle, kreative Hallenspiele

Wir überlegten, wie wir weiterhin abwechslungsreiche Herz-Kreislauf-Belastungsspiele spielen könnten, ohne dass für einige Kinder belastende Verlierersituationen oder gar Vermeidungshaltungen entstehen. Es sind Spiele entstanden, die – leicht verändert – den aktuellen, verschiedensten Kindergartenthemen anzupassen sind.

Besonders reizvoll an einigen dieser Spiele ist, dass am Ende – nach dem Tempo – die Kinder allein, zu Paaren oder in der Gruppe künstlerisch tätig werden und wieder zur Ruhe kommen können.

Hier einige Beispiele:

Staffel „Familienausflug"

Die Kinder sitzen/stehen in Fünfer- oder Sechserreihen als „Familien" hintereinander wie bei einer Staffel (Vater, Mutter, Kinder, Hund). In größerem Abstand stehen die zu umlaufenden Male für jede „Familie". Die Leiterin erzählt die Geschichte und immer, wenn das Wort „Vater" kommt, laufen die Väter, bei „Mutter" die Mütter, bei „Kinder" die Kinder, bei „Flecki" die Hunde, bei „Familie" alle.

Geschichte:
Es ist Samstag. Der *Vater* wacht auf, macht sich fertig und geht mit *Flecki* Milch und Brötchen einkaufen. Die *Mutter* macht inzwischen den Kaffee und die *Kinder* flitzen ins Badezimmer zum Waschen und Zähneputzen. Als der *Vater* mit *Flecki* zurückkommt, frühstückt die ganze *Familie.* Auch *Flecki* bekommt sein Futter.
Die *Mutter* holt das Auto aus der Garage und die *Kinder* und *Flecki* krabbeln auf die Rücksitze. Auf dem Beifahrersitz nimmt der *Vater* Platz.
Sie fahren in ein Kaufhaus. Kaum sind sie unterwegs, da müssen die *Kinder* aufs Klo und die *Mutter* lenkt das Auto auf einen Parkplatz.
Als sie wieder abfahren wollen, ist *Flecki* verschwunden. Die ganze *Familie* geht auf die Suche. Wo steckt der *Flecki* – Schlingel nur??? *Vater* und *Mutter* entdecken ihn schließlich im Auto und die Fahrt kann weitergehen.
Endlich kommen sie am Ziel an. Die *Familie* steigt aus dem Auto und geht ins Kaufhaus. Jeder bekommt etwas gekauft: Der *Vater* bekommt einen neuen Pullover, die *Kinder* bekommen bunte Jacken, die *Mutter* bekommt einen Mantel und *Flecki* bekommt eine neue Decke für sein Körbchen. Dann fährt die ganze *Familie* wieder heim.
Die *Kinder* sind müde und der *Vater* legt sich gleich aufs Sofa. *Flecki* zerrt seine neue Decke durch die Wohnung und die ganze *Familie* schaut glücklich zu.
Das war ein schöner Tag, denken alle und *Flecki* bellt begeistert: Wauwau.

Je nach Jahreszeit haben wir die Einkäufe verändert, im Sommer wurden z. B. Badesachen angeschafft. Natürlich kann auch das Ausflugsziel den aktuellen Kindergartenthemen angepasst werden: Dann geht es eben in den Zoo, in den Urlaub, auf den Spielplatz, usw. Natürlich kann sich auch die Familie verändern. Heißt das Thema z. B. „Bei den Indianern" ist eben eine Indianerfamilie unterwegs. Während die Mutter das Frühstück bereitet, waschen sich die Kinder im Bach, der Vater schaut mit dem Hund nach den Pferden, die Kinder spielen Fangen um die Tipis, dann werden im Bach Fische fürs Mittagessen gefangen, usw.
Die Begeisterung der Kinder ist groß und sie verausgaben sich beim Laufen so, dass sie am Ende der Geschichte außer Atem sind. Niemand hat verloren, niemand entwickelt eine Vermeidungshaltung, alle haben Spaß und Lust an der Bewegung und verbessern dabei ihre Kondition.

Schnelles Memory

Alle Memorykarten liegen verdeckt weit in der Halle verteilt. Die Kinder laufen ununterbrochen herum, schauen unter die Karten und legen sie wieder verdeckt ab. Wer zwei gleiche Karten entdeckt hat, nimmt sie auf, bringt sie zu einem vereinbarten Platz und legt sie dort offen nebeneinander. Wer sich geirrt hat, legt die Karten wieder an ihren Platz in der Halle und sucht weiter.
Das gemeinsame Ziel ist, alle Kartenpaare passend offen am vereinbarten Platz abzulegen. Alle Kinder sind hoch motiviert auf der Suche und es ist ganz unwichtig, wer genau wie viele Kartenpaare gefunden hat. Gemeinsam alle Paare gefunden zu haben, ist Belohnung genug und muss nicht noch groß herausgestellt werden.

Obst ableeren – aber schnell, weil ein Gewitter naht!

Die Säckchen hängen – nach Farben sortiert – verteilt auf vier Sprossenwänden, den Obstbäumen (Rot = Kirschbaum, Blau = Pflaumenbaum, Grün = Apfelbaum, Gelb = Birnbaum). Vier Kindergruppen stehen – in größerem Abstand dazu – vor ihren Körben (Reifen) und jede Gruppe ist für einen Obstbaum zuständig. Es darf immer nur ein Obststück zu den Körben transportiert werden, dann kommt das nächste Kind seiner Gruppe an die Reihe, usw. Wenn eine Gruppe fertig ist, darf sie einer anderen Gruppe helfen, so dass dort dann immer zwei Kinder gleichzeitig Obst ableeren. Und das Gewitter kommt immer näher ...
Zuletzt, wenn es alle geschafft haben, bricht das Gewitter los. Sitz am Boden:

Text:	*Handlung der am Boden sitzenden Kinder:*
Es tröpfelt	Leise mit den Fußspitzen auf den Boden tupfen
Es regnet	Stärker werden
Es gießt	Noch stärker
Es blitzt	Beide Füße ruckartig hoch in die Luft stoßen
Es donnert	Mit den Fersen auf den Boden klopfen
Dann scheint die liebe Sonne wieder	Mit beiden Füßen oben beginnend nach rechts und links abwärts einen Kreis malen
und alle Kinder freuen sich	In die Füße klatschen

Hier wird am Ende die schöne Erfahrung des „Helfens“ oder des „Hilfe erfahrens“ gemacht und wenn das Gewitter endlich losbricht, haben alle ihr Obst im Korb.

Krawattenspiel

Sehr viele, alte Krawatten sind am Boden der Halle weiträumig verteilt. Die Kinder sitzen zu Paaren zusammen, entweder am Hallenende oder auf der Kreislinie. Auf Zuruf laufen alle Paare abwechselnd und holen immer jeweils nur eine Krawatte an ihren Platz, bis alle Krawatten weg sind. Dann beginnt der kreative Teil (ohne Zeitdruck!):

Die Paare gestalten mit ihren Krawatten Kunstwerke am Boden, die zuletzt gemeinsam betrachtet und bewundert werden.
Oder ein Kind verziert sein Partnerkind mit den Krawatten und anschließend findet eine Modenschau statt.

Stadt bauen

Ganz viele Bausteine liegen in der Mitte der Halle auf einem Haufen. Die Kinder sind in größerem Abstand zu Paaren auf der Kreislinie mit einem Reifen. Die Paare laufen auf Zuruf abwechselnd so schnell wie möglich zur Mitte und sammeln so viele Bausteine wie möglich. Es darf aber immer nur ein Baustein transportiert werden.
Wenn alle Bausteine eingesammelt sind, beginnt der kreative Teil:
Die Paare bauen in den Reifen eine Stadt, z. B. mit Stadtmauer, Türmen, Häusern, usw. Zuletzt werden die entstandenen Städte gemeinsam betrachtet.

Torte backen

Funktioniert nach dem gleichen Prinzip. Das Reifeninnere ist der zu belegende Tortenboden. Statt der Bausteine werden viele sehr verschiedene Kleinmaterialien in die Mitte gelegt (kleine, bunte Joghurtbecher, Bierdeckel, Sandsäckchen, Filmdosen, Korken, Kronkorken, Rundhölzer, große Perlen, Schuhbendel, Gardinenschnüre, Chiffontücher, Eicheln, Kastanien, Kieselsteine, usw.). Die Torten sehen immer sehr lecker aus und lösen bei der anschließenden Betrachtung entsprechende Bewunderung aus.
Je weiter die Reifen von der Mitte entfernt sind, desto größer ist die zu laufende Strecke und desto höher ist die Herz-Kreislaufbelastung.

5.4.3 Neue, kreative Tischspiele

Punktspiel A „Straßennetz“

Zwei bis vier Kinder sitzen um ein Malblock-Blatt. Jedes Kind sucht sich einen Buntstift aus. Es wird immer reihum gespielt. Ein Kind nach dem anderen malt auf das Blatt verteilt 5 Punkte. Bei vier Kindern sind also insgesamt 20 Punkte = Städte auf dem Blatt.
Die Menschen in den Städten können sich nicht besuchen, weil es noch keine Wege/Straßen gibt. Beim Bau der Straßen sind Regeln zu beachten:

Straßennetz

Alles rund

- Es dürfen nur schnurgerade Straßen gemalt werden.
- Es dürfen keine Kreuzungen gemalt werden.
  Jedes Kind reihum malt immer nur eine Straße. Zuletzt wird es für einige Kinder immer schwerer zu erkennen sein, wo noch eine Straße ohne Kreuzung möglich ist. Nun beginnt der kreative Teil: Die Kinder gestalten mit ihrem Buntstift die entstandenen Flächen mit Mustern oder Bildchen, bis keine Fläche mehr übrig ist. Alle entstandenen Bilder werden ganz individuell verschieden. Je nachdem wo die Punkte saßen, welche Buntstifte oder Muster gewählt wurden.

Punktspiel B „Alles rund“

Bis zu den „Punkten“ wird gespielt wie beim Spiel „Straßennetz“.
Hier sind die Punkte aber „Menschen“, die alle je einen Raum für sich haben wollen. Die Räume können lang, kurz, dick, dünn, groß oder klein, sie dürfen aber nicht eckig sein. Das erste Kind malt um einen Punkt z. B. einen Kreis. Das zweite Kind hängt für seinen ausgesuchten Punkt an diesen Kreis einen zweiten, rundlichen Raum an, das dritte Kind malt für seinen Punkt einen Raum an einen der beiden vorhandenen Räume, usw. bis alle Punkte einen Raum haben. Das Gebilde muss zusammen hängen. Zuletzt werden die entstandenen Räume farblich mit/ohne Muster gestaltet.

Alles eckig

Punktspiel C „Alles eckig“

Wird gespielt wie „B“, nur dass die Räume diesmal eckig werden müssen. Die Wirkung der Bilder von B und C ist sehr unterschiedlich. Während die Kinder bei den B-Bildern eher florale Assoziationen haben oder z. B. Schmetterlinge und Luftballons sehen, wirken die C-Bilder technisch und erinnern an Maschinen oder Roboter.

Springen von Stein zu Stein.

Punktspiel D
„Springen von Stein zu Stein“

Bis zu den Punkten wird gespielt wie beim Spiel „Straßennetz“. Hier sind die Punkte aber Steine. Beim Springen von Stein zu Stein muss ein Bogen gemalt werden von einem Stein zum anderen. Kleinere Kinder haben Schwierigkeiten, einen Bogen zu malen und/oder beim zweiten Stein zu „landen“. Deshalb wird dieses Spiel eher von den fünf- bis sechsjährigen Kindern gespielt.

Die einzige Regel:
Zwei Steine, die schon durch einen Bogen verbunden sind, dürfen nicht nochmals – durch einen weiteren Bogen – verbunden werden. Zuletzt werden auch hier die entstandenen Flächen künstlerisch gestaltet. Dieses Ergebnis wirkt immer sehr schwungvoll und dynamisch.
Diese Spiele werden fast täglich irgendwann einmal in der Freispielzeit von den Kindern gespielt. Es ist schön zu sehen, wie sie mit roten Backen gemeinsam am Gestalten sind. Die fertigen Werke werden von den Kindern mit „ihrem“ Buntstift signiert und meist im Gruppenraum aufgehängt.

Stadt mit Stadtmauer

Der Turmbau

Die teilnehmenden Kinder sitzen um einen Tisch, in dessen Mitte sehr viele Bausteine oder Kleinmaterialien liegen. Die Kinder haben die Aufgabe, je einen ganz besonderen Turm zu bauen. Es ist gar nicht so einfach bei ganz normalen Baumaterialien die Statik und Balance richtig einzuschätzen und die Geduld

und den Mut nicht zu verlieren, wenn etwas nicht gleich gelingt. Den Kindern Zeit lassen und keine wertenden Bemerkungen machen. Wenn die Türme fertig sind, denken sich die Kinder schöne, lustige oder treffende Namen für ihre Bauwerke aus (Schiefer Turm, Langer Lulatsch, Dickbauch, Torturm, usw.).
Viel Spaß macht es auch, gemeinsam eine große Stadt mit Stadtmauer zu bauen!
Einige der Spiele lassen sich gut in der Turnhalle umsetzen. Das Straßennetz kann mit Reifen (Städten) und Seilen (Straßen) gebaut werden. Die „Städter" können sich dann gegenseitig besuchen. Eckige Räume lassen sich mit Stäben legen, die Kinder können von Reifen zu Reifen (Stein zu Stein) springen und in 5.4.2 haben wir das „Stadtbauen" zum kreativen Abschluss eines „Tempospieles" gemacht.

5.5 Entspannung

Stress ist eine typische Krankheit unserer Zeit und immer mehr Kinder sind davon betroffen. Schon kleine Kinder leiden an Unruhe, Ängsten, Suchtsymptomen, Hektik oder stehen unter Leistungsdruck. In unserem Bewegungskindergarten können Kinder nicht nur ihr Bewegungsbedürfnis ausleben, sie können auch zur Ruhe und Entspannung finden. Denn Ruhe und Entspannung gehören zusammen.

> Ruhe und Bewegung sind keine Gegensätze,
> sie ergänzen sich gegenseitig.
>
> Der beste Weg zur Entspannung
> ist die Erfüllung der Bewegungsbedürfnisse der Kinder.
>
> *Renate Zimmer*

5.5.1 Mandalamalen

- Mandalas können die Kinder, wenn sie Lust haben, in der Freispielzeit an einem ruhigen Tisch malen.
- Bei uns bleiben zwei getrennt betreute Gruppen über Mittag:
  Die „Ess-Kinder", die erst abends abgeholt werden und bei uns zu Mittag essen und die „Wartekinder", deren Eltern im Laufe der Mittagspause - spätestens 14.00 Uhr kommen und ihre wartenden Kinder abholen. Unsere Kinder müssen nicht schlafen während der Mittagspause, es sei denn sie sind müde und wollen dies, was ab und zu vorkommt. Alle müssen sich aber leise verhalten, was ihnen nach dem „bewegten" Vormittag nicht schwer fällt. Meist malen die Kinder während dieser Zeit zu leiser, meditativer Musik Mandalas.

5.5.2 Traumreisen

Gemeinsames Träumen und Erholen im meditativem Zustand, emotional geborgen bei der erzählenden Erzieherin führt zu tiefen Empfindungen und Erlebnissen der Kinder. Nicht allen gelingt diese Entspannung. Wichtig ist, dass sie die anderen Kinder nicht stören und es schaffen, sich leise zu verhalten.
Traumreisen haben bei uns eine lange Tradition. Sie werden im Sitzen oder Liegen durchgeführt, mal vor der Frühstückspause, mal während der Beschäftigungszeit als Angebot für alle Gruppenkinder. Aber auch als Angebot während der Freispielzeit in einem der kleinen Intensivräume im alten, oder im Kuschelraum des neuen Hauses sind sie bei den Kindern beliebt.
Mal schweben wir auf den Flügeln unserer Phantasie zu den Sternen, mal verwandeln wir uns in einen Baum oder in einen Bach - Kieselstein, usw. - meist zu leiser, meditativer Musik. Schön ist es natürlich, wenn eine Traumreise zum aktuellen Thema passt. Als das Element „Wasser" bei uns eine wichtige Rolle spielte, spiegelte sich das auch in der Traumreise wider.

Hier ist sie:

Das Traumschiff
Die Kinder hatten sich ein Boot gefaltet. Nun liegen sie in der Rückenlage, die Arme liegen entspannt neben dem Körper, die Beine sind entspannt und gestreckt, die Füße fallen locker nach außen. Die Augen sind geschlossen. Auf ihrem Bauch steht ihr Boot.

Text (sehr langsam und monoton sprechen):
Es ist ganz still. - Das Schiffchen schwimmt im Wasser. - Du bist das Wasser. - Es ist windstill. - Das Wasser ist ruhig. - Das Schiffchen bewegt sich leise auf und ab. - Dein Atem bewegt das Schiffchen. - Fühle, wie es sich sanft bewegt. - Auf und ab und auf und ab. - Du bist das Wasser.

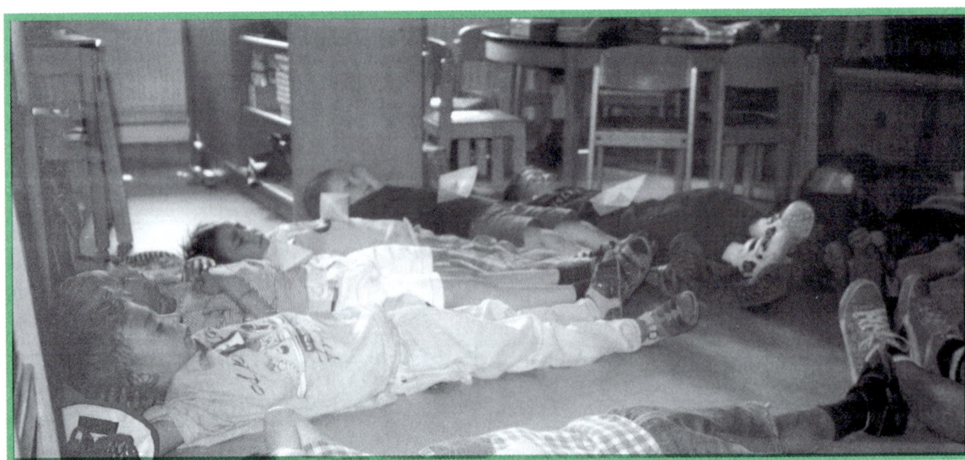

Traumreise „Das Traumschiff".

(Ruhig nach einer kleinen Pause den folgenden Reim weitersprechen)
Das Schiffchen schwimmt im Wasser
ganz ruhig vor sich hin,
ganz ruhig geht es auf und ab,
weil ich das Wasser bin.
Mein Atem hebt und senkt das Schiff
und hat sonst nichts im Sinn.
Das Schiffchen schwimmt im Wasser
ganz ruhig vor sich hin.

Öffnet die Augen wieder und schaut eurem Schiffchen noch eine Weile zu.
Setzt euch wieder.
Vielleicht wollen die Kinder anschließend über ihre Erfahrungen berichten. Darüber, welches Wasser sie waren – das große Meer, ein See, ein Fluss, ein Teich oder ein kleiner Bach?

5.5.3 Yogaübung „PARWAT ASANA“

Statt einer Traumreise wird vor dem Frühstück auch folgende Atem- und Yogaübung gemacht:
Die Kinder sitzen im Schneidersitz im Kreis.

Text:
Lege deine Hände auf die Brust und schließe die Augen. – Fühle, wie dein Atem fließt. – In dich hinein und wieder hinaus. – hinein und hinaus, hinein und hinaus – und immer so weiter. – Fühle, wie deine Brust sich dabei hebt und senkt. Lege deine Hände nun auf deinen Bauch. – Halte die Augen geschlossen und fühle, wie der Atem deinen Bauch bewegt. Lege deine Hände nun auf deine Schultern. – Halte die Augen weiter geschlossen und fühle, wie dein Atem die Schultern hebt und senkt. – Immer auf und ab und auf und ab.

Yoga – Übung „PARWAT ASANA“

Bleibe weiter im Schneidersitz.
Hebe einatmend die Arme und lege die Handflächen direkt über dem Kopf aneinander. Halte nun den Atem an, dehne dabei den Brustkorb und hebe die Arme mit den aneinander gelegten Händen hoch über den Kopf. Senke ausatmend die Arme und lege die Hände auf die Knie.
Mit geschlossenen Augen dreimal üben und dann evtl. in der Rückenlage kurze Zeit ruhen.

5.5.4 Schweige und höre

Unser Meditations-Lied singen wir immer zum Abschluss der meditativen Einheit vor der Frühstückspause.
Im Schneidersitz mit Handfassung im Kreis sitzen und mit geschlossenen Augen singen, summen, singen.

Text:
Schweige und höre,
neige deines Herzens Ohr,
suche den Frieden.

5.5.5 Betrachtungen

Mit Kindern Betrachtungen anzustellen, hat einen ganz besonderen Reiz, weil sie noch staunend Dinge erfassen und entdecken. Oft stellen sie Fragen, die wir Erwachsenen gar nicht spontan beantworten können. Wir beobachten mit den Kindern das ganze Jahr über immer wieder Pflanzen und ihre Veränderung, aber auch, wie z. B. Schnee schmilzt und zu Wasser wird. Schneebälle können im Kühlschrank bis zum Sommer halten.
Wasser in Sandförmchen gefüllt kann im Winter gefrieren. Wenn ein Bindfaden mit eingefroren wird, können die „gläsern" wirkenden Formen an einem Baum im Garten aufgehängt werden. Eine schöne, wenn auch vergängliche Pracht.
Im Frühjahr blühen die Tulpen in unserem Garten. Es ist sehr reizvoll, von Anfang an zu beobachten, wie sie aus der Erde herausspitzen, langsam wachsen, die erst noch fest verschlossene Blüte sich öffnet/-immer weiter, bis endlich auch der schwarze Fruchtknoten im Inneren der Blüte sichtbar wird. Tulpen gibt es in vielen verschiedenen Farben. Welche Farbe(n) hat unsere Tulpe? Wie fühlt sie sich an? Wie riecht sie?
Die Kinder zählen die Blütenblätter, beschreiben die Blüten- und Blattform und einige wissen vielleicht auch schon, dass die Tulpe aus der Tulpen-Zwiebel entsteht. Wenn man eine geschlossene Tulpe in einem warmen Raum in ein Glas mit warmem Wasser stellt, können die darum sitzenden Kinder beobachten, wie sie sich in Zeitlupe öffnet. Zuletzt darf jedes Kind „sein" Tulpenbild gestalten. Einige werden die Blüte groß und weit geöffnet malen, bei anderen sind Stiel und Blätter dabei und noch andere malen sie vielleicht aus der Erde wachsend. Über einen Zeitraum still eine Blume zu betrachten (oder z. B. ein Bild), fördert nicht nur die Beobachtungsgabe, es führt die Kinder auch zu innerer Harmonie und Ruhe.
Viele Kinder haben dazu heute kaum noch Gelegenheit.

5.6 Warum wir unsere Gruppen nach Bäumen benannt haben

Ein Baum braucht zum Wachsen, Reifen, Gedeihen und Früchtetragen gute Voraussetzungen:

- Er muss in der Erde fest verwurzelt sein.
- Er braucht Licht und Sonne, Wasser und Regen und fruchtbare Erde.
- Er zeigt uns mit seinen Blüten und Früchten und seinem Laub den Kreislauf des Lebens.
- Er schenkt uns Früchte, die in sich den KERN neuen Lebens tragen.

LEBEN IST BEWEGUNG, IST VERÄNDERUNG

Wir wünschen den Kindern, dass sie bei uns Fuß fassen, beim Zusammenleben mit uns im Kindergarten alle Voraussetzungen zum Wachsen, Reifen und Gedeihen vorfinden und dass unsere pädagogische Arbeit Früchte trägt.

5.7 Kooperation mit verschiedenen Institutionen

Es ist wichtig, sich nach außen zu öffnen und die pädagogische Arbeit transparent zu machen. Um Eltern und ihren Kindern Hilfestellung in verschiedenen Lebenssituationen bieten zu können, arbeiten wir mit einer Reihe von Institutionen zusammen.

Grundschulen

Wir haben eine gute Zusammenarbeit mit den drei Grundschulen unserer Umgebung. Wir besuchen mit allen Vorschulkindern einmal ihre zukünftige Schule und nehmen am Unterricht teil, was die spätere Eingewöhnung erleichtert.
Wir besuchen gegenseitig unsere Schul- und Kindergartenfeste und treffen uns auch bei gemeinsamen Gottesdiensten.

Nachbarkindergärten

Wir pflegen ein partnerschaftliches Verhältnis zu den Nachbarkindergärten und Pfarreien und organisieren gelegentlich gemeinsame Veranstaltungen.

Beratungsstellen

In schwierigen Situationen holen wir uns nicht nur selbst Rat, sondern vermitteln auch Kontakte. Anlaufstellen sind Jugendamt, psychologische Beratungsstelle, Frauenhaus, Therapeuten, Logopäden, usw.

Stadt

Wir sind der Stadt Schweinfurt sehr dankbar, dass sie unser Bewegungsprojekt von Anfang an bis heute unterstützt.

- Wichtige Besucher unseres Modells werden von der Stadt im Rathaus empfangen.

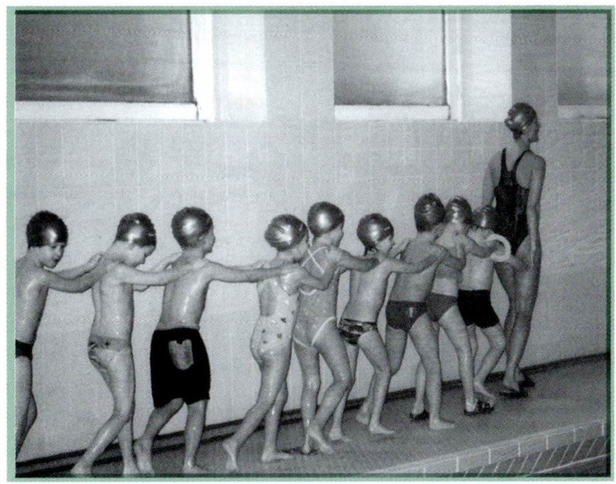

Koooperation mit der Stadt.

- Für die wöchentliche, spielerische Wassergewöhnung unserer Kinder stellt die Stadt als Sachaufwandsträger das Lehrschwimmbecken der nahe gelegenen Gartenstadt-Grundschule kostenfrei zur Verfügung.
- Zum Neubau unseres Kindergartens zeigte sich die Stadt enorm großzügig und stellte eine hohe Summe zusätzlich zur Verfügung (50 000,– Euro).

Freies Spiel im Wasser.

Die Kinder erklimmen „Eisberge“.

5.8 Kooperationen im Rahmen unserer Modellarbeit mit der Bayerischen Sportjugend und Vereinen

Bayerische Sportjugend

Die Bayerische Sportjugend unterstützt gemeinsam mit der DAK Kooperationen zwischen Kindergärten und Vereinen durch eine einmalige Spende von 500,– Euro. Mit diesem Geld finanziert hat uns die bsj 10 Einräder geschenkt.

Sportvereine

Radsportverein „Solidarität“:

Zwei Übungsleiter kommen an zwei Nachmittagen zum Einradfahren in den Kindergarten. Es ist kaum zu glauben, dass die Kinder nach einem Jahr mit dem Einrad Slalom fahren und dabei noch stolz einen Teller auf einem Stock kreiseln!
Sie sind mit Feuereifer und großer Ausdauer bei der Sache und das alles auch noch freiwillig. Viele dieser Kinder sind heute aktive Mitglieder im Verein und in etlichen Familien gibt es inzwischen Einräder – auch für die Geschwister.

Eis- und Rollschuhverein ERV

Sobald die überdachte Eislaufhalle öffnet und die Saison beginnt, gehen unsere Vorschulkinder jede Woche zum Schlittschuhlaufen. Der Verein stellt für die Anfänger sei-

Kooperation mit der „Solidarität“.

ne „Kufenstühle“ zur Verfügung, die von den Kleinen begeistert und in der richtigen „Vorlage“ übers Eis geschoben werden – bis sie irgendwann überrascht feststellen, dass sie auch ohne Stuhl laufen können.

Freie Turner

Das Sportgelände des Vereins liegt in nächster Nachbarschaft zum Kindergarten und wir freuen uns, dass wir im Herbst die Kastanien von den Sportstätten sammeln können und dass wir dort unser Laternenfest ausklingen lassen dürfen. Nach dem Umzug durch unser Viertel ziehen wir über die Aschenbahn zielstrebig zu den Verkaufsbuden des Vereins, wo einige Eltern bereits mit warmen Getränken und festlichem Gebäck auf uns warten.
Viele unserer Kinder spielen in diesem Verein später Fußball oder Korbball.

Hockey-Club

Die Rasenhockeyspieler machen eine sehr kindgemäße Nachwuchsförderung, weshalb viele unserer Kinder die dort geschnuppert haben, heute begeistert dort spielen.

Turngemeinde TG 48

In die Sportstunden der TG 48 schnuppern wir sporadisch mit den Eltern hinein und auch hier bleiben immer wieder einige „hängen“ und werden Mitglied.

5.9 Projektarbeit – Was ist das?

Ein Projekt hat immer direkten Bezug zur aktuellen Situation. Zu diesem Thema werden gemeinsam mit den Kindern Fragen und Antworten gesucht, Ideen zur Durchführung gesammelt, sortiert und geplant. Kinder, ErzieherInnen, vielleicht auch die Familien erleben, experimentieren und lernen gemeinsam. Projektideen finden sich im Alltag durch persönliche, lokale oder jahreszeitliche Anlässe.
Häufig kommen die Beteiligten bei Projekten auch mit anderen Institutionen, Räumen und Menschen in Berührung, die zur Vertiefung des Themas beitragen können. Projekte können kurz sein, einen überraschenden – anders als geplanten – Verlauf nehmen, manche Projekte dauern wochenlang und andere entwickeln sich zu „Dauerbrennern“. Zur Projektarbeit gehört die Analyse von „aktuellen Situationen“ ebenso, wie Zielsetzung, Bereitstellung der notwendigen Materialien und Räume. Auch die Durchführung und Nachbereitung des Erlebten.
Wichtig ist auch, den Projektverlauf zu dokumentieren und öffentlich zu machen. So können sich die Beteiligten noch lange freudig erinnern und Eltern und Öffentlichkeit wissen, wie spannend, lebensnah und kreativ im Kindergarten gearbeitet wird.

5.9.1 Projekte, die zu Dauereinrichtungen wurden

Gesundes Essen

1985 wurde bei uns im Kindergarten noch viel genascht. Nicht nur die Kinder brachten Süßes für die Frühstückspause mit, auch wir ErzieherInnen waren dem sehr zugeneigt. Dazu tranken die Kinder von uns zubereiteten süßen Tee. Außerdem hatten wir die (Un-)Sitte von unseren Vorgängerinnen übernommen, die Geburtstagskinder bei ihrer Feier Süßigkeiten an die anderen Kinder verteilen zu lassen. Der neu gewählte, sehr ernährungsbewusste Elternbeirat versuchte die Situation zu verändern und nach vielen – auch kontroversen – Diskussionen, begannen wir die ersten Aktionen:
Die Eltern wurden zum Elternabend „Gesundes Essen“ eingeladen, der Elternbeirat bereitete neben einem Referat leckere Vollkorngerichte und Salate zu und alle waren begeistert. Seitdem finden in lockerer Folge immer wieder Elternabende zum Thema statt.

Nun mussten wir noch die Kinder begeistern.

Im Herbst hatten wir schon immer mit den Kindern auf dem Bauernmarkt eingekauft, gekocht und gebacken. Nun berieten wir gemeinsam mit Kindern und Eltern die weitere Vorgehensweise. Wir legten mit ihnen Gemüse- und Kräuterbeete an, pflanzten einen Apfelbaum, Johannisbeeren und einen Himbeerbusch und konnten bald im eigenen Garten ernten. Wegen unseres Neubaues musste inzwischen der Apfelbaum weichen, dafür haben wir Brombeeren gepflanzt.
Statt der Süßigkeiten am Geburtstag gab es nun gesündere Kleinigkeiten und in der Frühstückspause bieten wir ungesüßten Tee, Wasser und Kaba an.
Mehrfach hatten wir die Ernährungsberaterin der AOK bei uns zu Gast und zurzeit engagiert sich eine Elternbeirätin und Medizinerin ganz besonders für dieses Dauerpro-

jekt. Sie kommt in den Kindergarten und backt mit den Kindern Brot, bereitet mit ihnen gemeinsam ein gesundes Frühstück vor, kocht mit ihnen Marmelade, schnippelt Obstsalat, usw.

Viel Spaß hat uns allen eine Kartoffelernte beim Bauern gemacht, wo die Kinder mit den Händen die Kartoffeln rausbuddeln durften. Die auf Stöckchen gespießten Kartoffeln wurden anschließend mit viel Geduld ins Feuer gehalten, gesalzen und mit Genuss verspeist. Kartoffelgeschichten wurden erzählt und gemalt und gemeinsam haben wir wochenlang die verschiedensten Kartoffelgerichte zubereitet und gekostet. Dabei ist unser Kartoffellied und -tanz entstanden.

So oder ähnlich gehen wir auch mit anderen Obst- oder Gemüsesorten vor.

Obstessen

Nun wird es aber Zeit, auf unser „Obstschneiden" zu sprechen zu kommen, denn das ist bis heute die Attraktion und war anfangs der Hauptgrund für viele Kinder, täglich Obst mitzubringen und auch zu essen: Jede Erzieherin hat neben einem Obstmesser auch einen „Apfelstecher" und so ausgerüstet schneiden wir den Kindern aus ihrem mitgebrachten Obst ganz nach Wunsch die wunderbarsten Formen und Figuren. Aus Äpfeln oder Birnen schneiden wir z. B. Knabberscheiben, Schweizer Käse, Hexen- oder Indianerköpfe, Dampfer oder Segelboote, Polizeiautos, Vogelnester, Mickymäuse, Kerzenständer oder Kronen - ganz nach Wunsch.

Aus Bananen entstehen Haifische, Indianerkanus, Krokodile oder die „Zauberbanane". Aus Karotten schneiden wir eine Mondrakete. Orangen und Mandarinen werden zu Elefantenköpfen oder Körben.

Passend zu den ausgeschnittenen Formen sind oft noch Reime oder Zungenbrecher entstanden und schon hatten wir die spielerische Querverbindung zur Sprache. Die Kinder entwickelten dabei eine ausgesprochene Lust an eigenen Reimen.

Beispiele:

- **Segelboot**
  Den Apfel vierteln und mit dem Apfelstecher ein Loch von oben mitten durch das Viertel stechen. Das ausgestochene Teil weglegen. Vom Viertel ein schmales Seitenstück abschneiden und als Segel ins Loch stecken.
  Zum Segelboot übten wir z. B. spielerisch das offene und geschlossene „O":

  Am Sonntag kommt das Segelboot
  mit Onkel Otto groß in Not.
  Was kommt von Osten
  forsch heran?
  Es wogt das Meer - ein Hurrikan!
  Vor Schreck lässt Otto los
  und macht sich in die Hos'!

- **Dampfer**
  Schneiden wie beim Segelboot. Dann das ausgestochene Stück wieder so einsetzen, dass es oben wie ein Schornstein herausschaut und schon ist ein Dampfer entstanden.

  Der passende Reim zum Dampfer war ein Gemeinschaftswerk mit den Kindern:

  Mein Opa fuhr zur See
  als Kapitän – oje.
  Sein Dampfer kriegt ein Loch,
  da fuhr er immer noch.
  Doch dann verschwand der Schlot
  und Opa war in Not.
  Er war total im Stress
  und funkte SOS.
  Zuletzt verschwand das Heck,
  dann war sein Dampfer weg.
  Der Opa schwimmt und guckt:
  Das Meer hat ihn verschluckt.
  Wen? – Na, den Dampfer!

- **Vogelnest**
  Apfel halbieren und vorsichtig das halbe Kerngehäuse herausschneiden. Das Nest ist fertig. Nun ein schmales Stück vom Apfel ab- und in einige, kleine Stückchen (Eier) schneiden. „Eier" ins Nest legen.
  Dazu gibt es eine Geschichte mit Fehlern. Immer, wenn die Kinder einen Fehler bemerken, rufen sie: „Falsch!" Die Begeisterung über diese und andere Falschgeschichten hält seit Jahren unvermindert an. Hier ist die passende Vogelgeschichte:
  Vor der Vogelhochzeit sucht sich das Vogelmännchen ein Vogelweibchen. Dazu singt es seine schönsten Lieder. Wenn sie sich gefunden haben, bauen sie sich ein Schloss (Falsch!)
  Also gut – ein Nest.
  Dazu brauchen sie kleine Äste, Laub, Gräser und Kaktusstacheln (Falsch!)
  Also gut - weiche Federn.
  Wenn das Nest fertig ist, legt der Vogelvater die Eier hinein. (Falsch!)
  Also gut – das Vogelweibchen.
  Dann sitzt es auf den Eiern und brütet sie aus. In den Eiern wachsen inzwischen kleine Krokodile heran. (Falsch!)
  Also gut – kleine Vogelküken.
  Der Vogelvater füttert inzwischen sein Weibchen. Wenn es in den Eiern zu eng wird, wollen die Vogelbabys heraus. Dazu öffnet sich die Eierschalentür. (Falsch!)
  Also gut – die Schale zerspringt.

Die Vogelbabys müssen gewärmt und gefüttert werden. Am liebsten fressen sie Gummibärchen. (Falsch!)
Also gut - Mücken oder Würmer.
Bald sind die Kleinen groß, machen ihre ersten Flugversuche und freuen sich ihres Lebens.

- **Zauberbanane**
  Für die Zauberbanane wird eine längere Stopfnadel gebraucht. Unsichtbar für die Kinder wird mit der Nadel im Abstand von etwa zwei Zentimetern von oben nach unten in gerader Linie in die Banane gestochen und die Nadel im Inneren hin und her bewegt, wobei die Banane von der Nadel in Stücke geschnitten wird, ohne dass dies äußerlich zu erkennen ist (Die Schale weist nur die Einstichlöcher der Nadel aus).
  Nun fehlt noch ein kleiner Zauberspruch:
  „Hokuspokus simsalabim - die Banane liegt klein geschnitten drin!"
  Die Verblüffung der Kinder beim Schälen der Banane ist groß, wenn die klein geschnittene Banane herauskommt!

Unsere Füße

Die Füße sind ein Meisterwerk der Natur mit perfekter Gelenkmechanik und Muskelkoordination. Dazu kommt eine Fülle von Empfindungsrezeptoren, die dem Gehirn ständig Informationen liefern über die Lage und Beschaffenheit des Untergrundes. Dies alles ermöglicht eine raffinierte Steuerung unserer Balance und Fortbewegung. Die Füße tragen uns von früh bis spät durch den Tag - egal ob wir gehen, schlurfen, hüpfen, joggen oder tanzen.
Viele Menschen gehen nicht sorgsam mit ihren Füßen um und nur wenige Kinder haben heute noch gesunde Füße.
Wir woll(t)en den Kindern vielerlei Fußerfahrungen ermöglichen, z. B. beim Barfußturnen und beim sommerlichen Barfußlaufen im Garten.
Um die Eltern zu gewinnen, haben wir Artikel über gesunde, bzw. kranke Füße an der Info-Wand oder im Elternbrief veröffentlicht und auch von Zeit zu Zeit einen Elternabend speziell den Füßen gewidmet (siehe „Elternarbeit", 3.4.7).
Wir empfehlen , den Kindern zum Turnen warme Unterwäsche anzuziehen und warme Trainingshosen mitzugeben. Zu klein gewordene Strumpfhosen, denen die Füße abgeschnitten wurden, erfüllen dieselben Dienste.
Die Kinder experimentieren mit verschiedenen Fußbegrüßungen, probieren Gangarten aus, bauen und malen mit den Füßen oder spielen Fußtheater. Viele Materialien stehen für Tasterfahrungen bereit. Im Garten haben wir eine Fußfühlstraße mit Naturmaterialien (Siehe „Unser Garten - ein Paradies für Kinder", 3.3.2).
Es ist erstaunlich, wie geschickt und sensibel die Kinderfüße nach kurzer Zeit sind und wenn sie das erste Mal in die Schule gehen - gesund und kräftig - macht ihnen auch eine schwere Büchertasche nichts aus.

Flöte spielen

Ein Jahr bevor die Kinder in die Vorschule kommen, bieten wir seit mehr als zwanzig Jahren Flötenunterricht an und etwa zehn bis fünfzehn Eltern melden ihre Kinder jedes Mal an. Bis die kleinen Flötenspieler in die Schule kommen, musizieren sie also zwei Jahre bei uns. Das hat den Vorteil, immer einige fortgeschrittene Kinder als „Vorbilder“ zu haben, denen die Anfänger nacheifern wollen. Insgesamt flöten jährlich etwa 30 Kinder. Sie lernen von Anfang an Noten zu lesen und spielerisch vermittelt, macht es den Kindern viel Spaß. Bald sind sie auch taktfest.
Sie sind stolz auf ihre Leistung. Da die Fingerfertigkeit anfangs unterschiedlich entwickelt ist, werden die Kinder in etwa gleich gute, kleine Gruppen eingeteilt, damit die Lust am Üben durch den direkten Vergleich mit den geschickteren Kindern nicht vergeht. Von Anfang an wird auch gemeinsam in der Gruppe gespielt und daraus entwickelt sich nach und nach richtiges Musizieren.
Natürlich werden unsere Feste von den Flötenkindern musikalisch umrahmt. Wenn die Kinder in die Schule kommen, spielen sie schon sehr flott mehrstimmige Stücke. Die städtische Musikschule übernimmt die Gruppen, bzw. Kinder gern und etliche unserer ehemaligen Musikanten wurden später Preisträger bei „Jugend musiziert“ und/oder spielen in Bands. Nach meiner Erfahrung gibt es keine unmusikalischen Kinder.

Singlisch

Das Wort ist eine Kombination von Singen und Englisch und verrät schon viel über das Angebot. In keiner anderen Lebensstufe kann der Mensch noch einmal so leicht eine Sprache erlernen, wie in der frühen Kindheit. Diese Fähigkeit will das Projekt nutzen und mit der neuen Sprache auch viel Spaß, Spiel, Bewegung und Weltoffenheit vermitteln. Deshalb können bei uns alle großen Kinder, die Lust dazu haben, einmal in der Woche spielerisch und meist singend, Englisch sprechen. Der Wunsch wurde sehr nachhaltig und immer wieder von den Eltern und auch vom Träger an uns heran getragen.

Kooperation mit der Lebenshilfe – Schonungen

Wir haben schon immer behinderte Kinder – vor allem solche mit Down Syndrom – aufgenommen und dabei gute Erfahrungen gemacht. Daraus entwickelte sich der Wunsch, auf diesem Gebiet mehr zu tun.
Seit 1998 führen wir eine Kooperation mit behinderten Kindern der „Lebenshilfe Schonungen“ durch. Wir woll(t)en die „Lebenshilfekinder“ an einem Nachmittag der Woche in unseren Kindergartenalltag hereinnehmen, sie ab und zu in ihrer Einrichtung besuchen, an ihrem Lebensalltag teilnehmen und eine Normalisierung des Miteinanders erreichen. Denn das frühe, gemeinsame Erleben und Erfahren der Andersartigkeit des Anderen beugt einer Vorurteilsbildung am besten vor.

Schulkindbetreuung

Ehemalige Kindergartenkinder können - wenn dies von den Eltern gewünscht wird - während der ersten und zweiten Klasse am Nachmittag in den Kindergarten kommen, mit uns zu Mittag essen, betreute Hausaufgaben machen und dann unsere Spiel- und Bewegungsangebote wahrnehmen.

5.9.2 Befristete Projekte - zwei Beispiele

Die Welt aus verschiedenen Perspektiven betrachten

Nachdem unsere Einbauten mit verschiedenen Ebenen in den Gruppenräumen und die Tobeecke mit Kletterwand und Tau installiert waren, hatten die Kinder plötzlich durch Bullaugen, Fernrohre (lange Architektenrollen) oder zwischen den Zinnen hindurch ganz neue Einblicke in den Gruppenraum, aber auch überraschende Ausblicke nach draußen. Die Kinder hatten sehr viel Spaß daran und verbrachten erstaunlich viel Zeit ganz oben am Tau, um z. B eine Baustelle durch unser Lichtband-Fenster zu beobachten. Diese Erfahrungen wollten wir vertiefen.
Deshalb kletterten wir mit den Kindern auf den Kirchturm und staunten gemeinsam über die „kleine Welt" ganz unten, wo Menschen und Fahrzeuge wie Spielzeuge aussahen. Wir ließen, es war Herbst, auch Ahornsamen hinuntersegeln und beobachteten, wie er - sich drehend - unseren Augen entschwand. Vom Rathausfenster ganz oben schauten wir uns die Innenstadt mit ihrer Dächerlandschaft von oben an und vom Aussichtsturm der Peterstirn oder vom Dach des Krankenhauses betrachtet, schlängelte sich der Main wie ein blaues Band durch die fränkische Landschaft.
Als wir ein Kind mit stark eingeschränktem Sehfeld bekamen, bastelten wir mit den Kindern „Seh- Röhren" mit kleinen Gucklöchern (Klorollen wurden an einem Ende mit dunklem Transparentpapier verklebt, das in der Mitte ein kleines Loch hatte), damit die Kinder die erhebliche Seh-Einschränkung erleben und nachempfinden konnten. Es war sehr schwer, sich im Gruppenraum zu bewegen ohne anzustoßen.

Unsere Stadtgeschichte

Wochenlang haben wir spannende Geschichten und Sagen zur Stadtgeschichte gehört und haben sie nachgespielt. Wir sind auf den Spuren unserer Vorfahren unterwegs gewesen und auf Resten der Stadtmauer herumgeklettert. Am dusteren „Schwarzen Loch" hielten wir nach dem Wassermann Ausschau. An der Stelle, wo Bratislaus aus Böhmen die schöne Judith geraubt und sie ihren roten Schuh verloren hatte, fanden die Kinder einen alten Lippenstift und waren überzeugt, ihn habe die schöne Judith ebenfalls dort verloren. Wir haben das Museum besucht und alles Erlebte immer wieder in Musik und Bewegung umgesetzt. Frühere Berufe, Bauten und Fahrzeuge interessierten uns genauso wie das frühere Leben in den Familien. Früher fuhren die Schweinfurter z. B. mit der Pferdebahn, heute benutzen sie den Omnibus. Früher wurde Feueralarm durch eine riesige „Flüstertüte" vom Kirchturm ausgegeben, heute schrillen Sirenen.

Früher wurden Wasserbehälter in einer Kette bis zum Brandherd weitergegeben, heute kommt das Feuerwehrauto zum Löschen, usw.
Viele dieser Spiele gehören heute zum „Kreisspiel-Repertoire“.
Dieses Projekt wird sporadisch etwa alle drei Jahre wiederholt, um allen Kindern unsere Stadtgeschichte spielerisch zu erschließen.
Einige weitere Projekte waren z. B. „Natur erleben“, „Mit Bäumen leben“, „Die Wiese“, „Sinnvoll spielen“, Spiel mit Klängen“, „Bei den Piraten“. Einige davon sind im Praxisteil weiter vorne geschildert.
Monatelang und ausführlich haben wir uns mit Kunst beschäftigt, deshalb nimmt dieses Thema unter 5.1.1 auch entsprechend viel Raum ein. Zuletzt wollten viele Kinder Maler oder Bildhauer werden.

6 Unser Team

Die Qualität einer Kindergartenarbeit ist vor allem von der persönlichen Kompetenz und Qualifikation der MitarbeiterInnen abhängig. Deshalb arbeiten wir ständig an uns, lesen Fachliteratur, lernen bei Fortbildungen und entwickeln uns weiter. Fast alle KollegInnen haben eine Übungsleiterlizenz oder die Sonderausbildung der Bayerischen Sportjugend „Sport im Elementarbereich" absolviert. Zwei KollegInnen haben extra wegen unserer wöchentlichen „Spielerischen Wassergewöhnung" den Rettungsschwimmerschein gemacht.
Dies alles ist sicher auch ein persönlicher Gewinn. Vor allem aber profitieren die Kinder davon.
Unser Team hat eine gute Altersmischung und das wird von uns als Gewinn betrachtet. Wir haben vieles gemeinsam erlebt:
Von der ersten Liebe bis zum Liebeskummer, von der Verlobung bis zur Heirat, Kindern und Enkelkindern, von Silberhochzeit bis Scheidung, von Kummer bis Freuden war alles schon mal da. Gemeinsam kommen wir auf viele Berufsjahre, die uns Praxis- und Lebenserfahrung brachten. Auch das kommt den Kindern und auch den Eltern zugute.
Unserem Träger sei Dank: Er steht/stand der Halbtagsarbeit im Kindergarten immer offen gegenüber. Wir wissen, dass dies in vielen Einrichtungen undenkbar ist. Die ideologische Begründung „Kinder brauchen den ganzen Tag ihre feste Bezugsperson" führt gerade zum Gegenteil, nämlich zu einer hohen Personalfluktuation in vielen Einrichtungen. Junge Erzieherinnen, die nach ihrer fünfjährigen (!) Ausbildung und kurzer Berufszeit eigene Kinder bekommen, sind oft gezwungen aufzuhören, obwohl sie mit einer (vorübergehenden) Halbtagstätigkeit ihr Familienleben gut organisieren könnten! Bei der Umfrage einer Fachakademie für Sozialpädagogik unter ehemaligen Studierenden stellte sich heraus, dass fast ⅔ der Ehemaligen nicht mehr in ihrem Beruf tätig sind. In unserem Team haben z. B. junge Mütter für einige Jahre halbtags gearbeitet und blieben so dem Team – vor allem aber den Kindern – erhalten. Da wir Gruppen übergreifend arbeiten, haben die Kinder uns alle als Bezugspersonen und wenn mal jemand von uns ausfällt, sind immer die gleichen, vertrauten, anderen Bezugspersonen da. Das Team ist größer und flexibler wenn mehrere Halbtagskräfte angestellt sind. Studierende der Fachakademie für Sozialpädagogik absolvieren bei uns ihr einjähriges Vorpraktikum. Auch Schülerinnen der Berufsfachschule für Kinderpflege, der Gymnasien mit sozialem Zweig, der Haupt- und Realschulen, „Zivis" oder Konfirmanden kommen zum Vor-, Wochen- oder Tagespraktikum als Teil ihrer Ausbildung. Immer wieder hospitieren Studenten bei uns. Diese Praktika finden natürlich nie alle gleichzeitig statt, sondern werden genau geplant und organisiert. Bei aller Zusatzarbeit bereichern sie unsere Arbeit, unser Team und die Kinder.
In ihren Familien haben die Kinder auch nicht nur ein bis zwei Bezugspersonen. Sie haben Großeltern, Onkels, Tanten, Paten und familiäre Freunde. Alle sind für die Ent-

wicklung und die emotionale Sicherheit des Kindes wichtig. Das Kind lernt so auch Kompetenzen anderer Bezugspersonen kennen und übernehmen. Ein afrikanisches Sprichwort sagt: „Wenn man ein Kind vernünftig großziehen will, braucht man ein ganzes Dorf". Dies sind dann – so der Hirnforscher Prof. Dr. Hüther – optimale Bedingungen, um unterschiedlichste Bindungen zu knüpfen, unendlich viel zu entdecken, zu erleben und die verschiedensten Probleme zu lösen. Dies sind optimale Bedingungen – so er – um die genetischen Potenzen zur Ausbildung eines möglichst komplexen Gehirnes zu nutzen.
In diesem Sinne sind wir ein – wenn auch kleines – afrikanisches Dorf. Bei jährlichen Planungstagen oder im „Kompakttraining" reflektieren wir unsere Arbeit, planen Projekte und Angebote und klären Probleme. Die wöchentlichen Dienstbesprechungen dienen der aktuellen Information, Impulsen zur Wochenplanung, Vergabe von Arbeitsaufträgen, usw. In jeder Gruppe arbeiten in der Regel eine Erzieherin und eine Kinderpflegerin, wobei sich zwei Kolleginnen eine Planstelle teilen können. Das Kindergartenteam will vertrauensvoll mit den Eltern zusammenarbeiten und die Kinder auf einem Teil ihres Lebensweges begleiten. Wir achten und stützen die Kinder. Wir wollen ihnen Vorbild sein und in einer Atmosphäre des Vertrauens ihre Entwicklung begleiten, ihre Selbsttätigkeit, Eigenaktivität, Selbstbildung und Selbstständigkeit unterstützen. Wir wollen auch von ihnen lernen und für sie da sein, wann immer sie uns brauchen.

7 Allgemeine und wichtige Informationen für Eltern

Flyer

Unser Flyer „Im Leben Fuß fassen“ liegt nicht nur im Kindergarten aus, sondern auch

- bei öffentlichen Anlässen
- in öffentlichen Einrichtungen.

Er macht knapp, aber prägnant das Wesentliche unserer Einrichtung deutlich.

Konzeption

Wer sich genauer mit den Inhalten unserer Arbeit, unseren pädagogischen Zielen und deren Umsetzung beschäftigen will, kann dies in unserer Konzeption „Im Leben Fuß fassen“ nachlesen.

Anmeldung

Anmeldungen werden das ganze Jahr über im Pfarramt der Christuskirche entgegengenommen.

Krankheiten

Das Kind ist bei einer Erkrankung baldmöglichst zu entschuldigen. Ansteckende und meldepflichtige Krankheiten müssen der Leitung des Kindergartens sofort mitgeteilt werden. Erst aufgrund einer ärztlichen Bescheinigung darf das Kind in solchen Fällen den Kindergarten wieder besuchen. Ansteckende Krankheiten, die aktuell im Kindergarten auftreten, hängen am Krankheitsanzeiger im Kindergarten aus. Bitte teilen Sie dem Personal Allergien oder Dauererkrankungen ihres Kindes mit. Ferner benötigen wir bei Medikamentenverabreichung im Kindergarten eine ärztliche Bescheinigung, dass das jeweilige Medikament für die derzeitige Erkrankung verordnet wurde.

Sprechstunden

Da wir immer ein offenes Ohr für Sie haben, bieten wir die so genannten „Tür- und Angelgespräche“ an, bei denen dringende Fragen sofort mit uns besprochen werden können. Besteht der Wunsch nach einem längeren Gespräch, können Sie mit uns einen Termin vereinbaren.

Ferien

Unser Kindergarten ist in der Regel im August für zwei Wochen geschlossen. Zwischen Weihnachten und Neujahr ist ebenfalls kein Kindergartenbetrieb. Die genauen Schließungszeiten werden Ihnen rechtzeitig bekannt gegeben.

Öffnungszeiten und Beiträge (Stand: 2004)

Unser Kindergarten ist geöffnet:

Montag bis Donnerstag	6.45 Uhr–16.30 Uhr
Freitag	6.45 Uhr–15.30 Uhr

Beiträge:

Anmeldegebühr (einmalig)	12,50 €
Reinigungspauschale (einmalig)	5,– €
Kindergartenbeitrag (monatlich)	85,– €
Spielgeld (monatlich)	2,– €
Getränkegeld (monatlich)	3,– €

Es besteht die Möglichkeit einer durchgängigen Ganztagsbetreuung, mit oder ohne Mittagessen.
Bei Einzel-Essensbestellung bitte bis spätestens 9.00 Uhr telefonische An- bzw. Abmeldung.

Mittagessen (monatlich)	66,– €
Einzel-Essensbestellung	3,90 €
Mittagsbetreuung ohne Essen pro Tag	1,– €

Frühstück

Geben Sie Ihrem Kind ein kleines Frühstück mit in den Kindergarten. Im Kindergarten wird den Kindern Kaba, ungesüßter Tee und Mineralwasser angeboten. Im Interesse der Gesundheit Ihrer Kinder und damit kein Neid zwischen den Kindern entsteht, bitten wir Sie auf Limonade und Süßigkeiten zu verzichten.

Das braucht ihr Kind

- eine Tasche oder einen Rucksack mit Frühstück
- Turnkleidung, keine Turnschuhe, da barfuß geturnt wird, evtl. Kleidung zum Wechseln
- ein Paar Hausschuhe oder Antirutschsocken
- für die Matschecke im Garten evtl. alte Kleider und Gummistiefel.

8 Von den Kindern aus „Der Prophet“ von Kalil Gibran

Eure Kinder sind nicht eure Kinder.

Sie sind die Söhne und Töchter der Sehnsucht des Lebens nach sich selber.

Sie kommen durch euch, aber nicht von euch
und obwohl sie mit euch sind, gehören sie euch doch nicht.

Ihr dürft ihnen eure Liebe geben, aber nicht eure Gedanken,
denn sie haben ihre eigenen Gedanken.

Ihr dürft ihren Körpern ein Haus geben, aber nicht ihren Seelen,
denn ihre Seelen wohnen im Haus von morgen, das ihr nicht besuchen könnt,
nicht einmal in euren Träumen.

Ihr dürft euch bemühen, wie sie zu sein, aber versucht nicht,
sie euch ähnlich zu machen.

Denn das Leben läuft nicht rückwärts, noch verweilt es im Gestern.
Ihr seid die Bogen, von denen eure Kinder als lebende Pfeile ausgeschickt werden.

Literatur

Gebauer, K./Hüther, G. (2003): *Kinder suchen Orientierung.* Düsseldorf: Walter Verlag.

Hüther, G. (2002): *Bedienungsanleitung für ein menschliches Gehirn.* Göttingen: Vandenhoeck & Ruprecht.

Hüther, G. (2001): *Kinder brauchen Wurzeln.* Düsseldorf: Walter-Verlag.

Krombholz, H. (1996): *Spaß an Bewegung.* München: Don Bosco.

Scholz, M. (2003): *Zukunftssicherung durch Bewegung und Spiel im Kindesalter.* Wiebelsheim: Limpert Verlag.

Schaffner, K. (2002): *Bewegen, Spielen und Tanzen.* Celle: Pohl-Verlag.

Schaffner, K. (2004): *Die schönsten Turnstunden.* Celle: Pohl-Verlag.

Schaffner, K. (1995): *Die Welt ist schön 1 - Kreisspiele, Spiellieder und Tänze.* Celle: Pohl-Verlag.

Schaffner, K. (1996): *Die Welt ist schön 2 - Kreisspiele, Spiellieder und Tänze.* Celle: Pohl-Verlag.

Schaffner, K. (2003): *Auf deinem Rücken tut sich was - Rückenwahrnehmungsspiele.* Celle: Pohl-Verlag.

Zimmer, R. (1992): *Sport und Spiel im Kindergarten.* Aachen: Meyer & Meyer.

Zimmer, R. (1993): *Handbuch der Bewegungserziehung.* Freiburg: Herder.

Zimmer, R. (1995): *Handbuch der Sinneswahrnehmung.* Freiburg: Herder.

Zimmer, R. (1997): *Bewegte Kindheit.* Schorndorf: Hofmann.

Zimmer, R. (2001): *Kindheit in Bewegung.* Schorndorf: Hofmann.

Zimmer, R. (2004): *Wahrnehmen, Bewegen, Lernen.* Schorndorf: Hofmann.

Zimmer, R. (2004): *Toben macht schlau.* Freiburg: Herder.

Bewegungslehre

DIN A5, 140 Seiten
ISBN 3-7780-0031-4
Bestell-Nr. 0031 € 14.90

Dr. Frank Ulrich Nickel

Bewegen, Spielen, Darstellen

Dieser Band stellt über 110 praxiserprobte Übungs-, Spielformen und Darstellungsideen des Integrationsbereiches Bewegen – Spielen – Darstellen vor.

Sie dienen der Bewegungserfahrung und -exploration, der Wahrnehmungsschulung, dem körper- und stimmbetonten Ausdrucks- und Darstellungsdrang, der Förderung von Kooperation sowie dem kreativen Denken und selbsttätigen Handeln.

Thematisch sind die untereinander kombinierbaren Übungs- und Spielformen und Darstellungsideen in die Bereiche Bewegen und Spielen (z. B. Kennen lernen, Kreis- und Raumspiele), Spielen und Darstellen (z. B. Geräusche/Töne/Sprache) und in sechs modellhaft ausgearbeitete Bewegungs-, Spiel- und Darstellungsreihen (z. B. Diavortrag, Marionette) unterteilt. Antworten auf die Frage „Warum spielen?" sowie methodische Hinweise ergänzen den Band zweckmäßig.

DIN A5, 294 Seiten
ISBN 3-7780-7403-2
Bestell-Nr. 7403 € 19.90

Prof. Dr. Renate Zimmer / Dr. Ina Hunger (Hrsg.)

Wahrnehmen • Bewegen • Lernen

Kindheit in Bewegung

Wahrnehmung und Bewegung bilden die Grundlage kindlicher Lernprozesse. Dieses Thema war einer der Schwerpunkte des 4. Osnabrücker Kongresses „Kindheit in Bewegung". In dem vorliegenden Band werden theoretische Grundlagen zur Bedeutung der Bewegung für die kognitive, körperliche, motorische und psycho-soziale Entwicklung von Kindern referiert. Zahlreiche praktische Beispiele beschreiben, wie über kreative, kindgemäße Bewegungsangebote auch das Lernen unterstützt werden kann.

Steinwasenstraße 6–8, 73614 Schorndorf
Telefon (07181) 402-125, Telefax (07181) 402-111
Internet: www.hofmann-verlag.de · E-Mail: bestellung@hofmann-verlag.de

Martina Lutter

Reise ins Abenteuerland

Die allerschönsten Singspiele & Bewegungsgeschichten zum turnen, singen & mitspielen für alle 1- bis 8-jährigen Kinder

Exemplarisch wird mit 5 verschiedenen Stundenentwürfen gezeigt, in welcher einfachen Weise jeder Sportlehrer oder Erzieher eine „Reise ins Abenteuerland" realisieren kann. Die **wunderschön illustrierten** und beliebten Singspiele und Bewegungsgeschichten oder Laufspiele sind dabei beliebig in die Abenteuerstunden zu integrieren.
Die beigefügten Noten und der kurzgefasste Begleittext zur Bewegungs- und Spielanweisung ermöglicht eine einfache Verwendbarkeit für jeden Sport-, Musiklehrer/Übungsleiter im Kindergarten, im Kinderturnen, im Vorschulunterricht oder im Musikunterricht der Klassenstufe 1 und 2. Dieses Konzept orientiert sich somit an den Bedürfnissen von Kindern, Eltern und Erziehern und lehnt sich an die Ausbildungsrichtlinien der Deutschen Turnerjugend an.

Format 16,5 x 24 cm, 136 Seiten
ISBN 3-7780-3070-1
Bestell-Nr. 3070 € 14.90

Andreas Kosel

Schulung der Bewegungskoordination

Übungen und Spiele für den Sportunterricht der Grundschule

6., unveränderte Auflage 2001

Das Buch enthält Vorschläge für Spiele und Übungen für den Sportunterricht in der Grundschule. Es soll bewirken, dass die koordinativen Fähigkeiten entwickelt und Bewegungssicherheit gewonnen wird. Der Film erläutert die Bedeutung der koordinativen Fähigkeiten für die Bewegungssicherheit und führt in die Arbeit mit dem Buch ein. Weiterhin enthält er einige methodische Hinweise.

Format 17 x 24 cm, 128 Seiten
ISBN 3-7780-3634-3
Bestell-Nr. 3636 € 11.80

Buch und Video:
VHS-Videofilm, 19 min.
Bestell-Nr. 3639 € 21.80